Ruth Slembek-Aldinger

Carepaket mit Erdnussbutter

Ruth Slembek-Aldinger

Carepaket mit Erdnussbutter

Eine schwäbische Jugend
in den Vierzigerjahren

Silberburg-Verlag

Die Deutsche Bibliothek – CIP-Einheitsaufnahme

Ein Titeldatensatz für diese Publikation
ist bei Der Deutschen Bibliothek erhältlich.

1 2 3 4 5 05 04 03 02 01

Lektorat: Uta Weberruß, Blaubeuren.
Umschlag: Uli Gleis, Tübingen.
Druck: Ernst Uhl, Radolfzell.
Printed in Germany.

ISBN 3-87407-379-3

Vorwort

Wie viel privates Schriftgut ging in der Vergangenheit verloren, besonders als Begleiterscheinung der Renovierungssucht nach dem Zweiten Weltkrieg und der Währungsreform 1948, als nach dem Tod der »Alten« viele private handgeschriebene Briefe achtlos vernichtet worden sind. Der ganze Kriegs- und Nachkriegsmief mit seinen Kümmernissen und Sorgen wollte so schnell als möglich vergessen sein. Die dunklen Schatten wurden überpinselt, um einer lichten neuen Zeit Platz zu schaffen. Mit den Sütterlinschriftzeichen auf vergilbtem Papier sollte auch die Vergangenheit auf den Müll geworfen werden.

Was konnten damals die vielen Frauen, deren Liebste – ob Partner, Freund oder Sohn – an der Front kämpften, gefallen, gefangen oder vermisst waren, anderes tun, als in einsamen schlaflosen Nächten ihre Gedanken einem Blatt Papier anzuvertrauen. Was konnte ein einsamer Soldat, dessen Nachtlager sich unter freiem Himmel befand, anderes tun, als ein paar kurze Sätze in sein Tagebuch zu kritzeln, bevor ihm der Schlaf den kleinen Bleistiftstummel aus seinen Fingern gleiten lies.

Das vergangene Jahrhundert hat in zwei grundverschiedenen Epochen stattgefunden. Nach zwei alles vernichtenden Kriegen wollte man in der zweiten Jahrhunderthälfte, nach der Währungsreform 1948, nicht mehr zurückschauen.

So vieles, wenn nicht gar alles, sollte jetzt nachgeholt werden. Der freie Blick durch ein nicht mehr verdunkeltes Fenster, die Stille einer friedlichen Nacht und das Einschlafen, ohne einen Gedanken an Fliegeralarm und Luftschutzkeller verschwenden zu müssen, ist glücklicherweise wieder zur Selbstverständlichkeit geworden.

Jetzt konnte jeder sein Leben selbst gestalten. Was sollten da die Aufzeichnungen der Großmutter, oder die ihres Mannes, unseres Großvaters, als junger Soldat an der Front – solche Sentimentalitäten hatten keinen Platz mehr. Warum hören wir nur halbherzig hin, wenn der Opa von seinen Erlebnissen in Russland erzählt, oder wenn der betagte Nachbar zum x-ten Mal erzählt, dass er »früher« täglich viele Kilometer zu Fuß unterwegs zu seiner Arbeitsstelle war und noch dazu zehn und mehr Stunden arbeiten »musste«? Wenn die Mutter erzählt, wie sie oftmals hungrig zu Bett gegangen ist, weil der letzte Kanten Brot für ihre Kinder am nächsten Tag zum Frühstück reichen musste? Oder wenn gar die Uroma in ihrem Sessel sitzend von vergangenen Zeiten schwärmt? Ja schwärmt, weil ihre einstigen Kümmernisse und Sorgen hinter einem zwar transparenten, doch trennenden Vorhang liegen, die Sonnentage jedoch hell erleuchtet, wie auf einer großen Leinwand vorbei huschen.

Beim 90-sten Geburtstag einer Nachbarin erzählten ihre Enkelkinder – alle in den sechziger und siebziger Jahren geboren – von »früher« und gerieten mit verklärten Blicken ins Schwärmen. Da habe ich mir die Frage gestellt: Warum darf die Uroma als Jubilarin nicht von »ihrer Zeit« erzählen? Warum sollen die bestimmt nicht nur schrecklichen Erlebnisse der Alten nicht genau so interessant sein wie die ihrer Kinder? Ist dies deshalb so, weil die Jahre vor 1950 in einem dunklen Loch zu liegen scheinen, die allenfalls ausgegraben werden, um den Vorwurf vom Enkel entgegen zu nehmen: »Warum habt ihr euch ›all das‹ gefallen lassen?«

Bei dieser Geburtstagsfeier der neunzig Jahre alten Frau habe ich mich entschlossen, trotz vermeintlichem Desinteresse der jüngeren Zeitgenossen, niederzuschreiben, wie vor 1950 gelebt, gelitten, gelacht und geweint worden ist.

Während ich so meinen Gedanken nachhänge spricht ein Pfarrer im Rundfunk. Seine Ansprache beginnt mit dem Satz: »Irgendwer hat einmal die Ampel erfunden!« Seine weiteren Ausführungen kreisen um Hektik, Termine, Schnelligkeit und immer wieder um die symbolische rote Ampel, die zwar nur für einen Moment, aber immerhin für diese kurze Zeit, zum Nachdenken und Ausruhen zwingt.

Gerade jetzt ist mir auch ein ehemaliger Nachbar wieder gegenwärtig, der täglich viele Kilometer zu seiner Arbeitsstelle marschierte. Wie viel Zeit hatte er bei seinen täglichen Fußmärschen über holprige Feldwege um nachzudenken, ohne dass ihn eine rote Ampel dazu zwingen musste? Worüber dachte er nach? Bestimmt nicht, wie der Autofahrer an der Straßenkreuzung, an wichtige Termine, die er wegen der Wartezeit an der roten Ampel versäumt, oder an die Kinder, die zu Hause auf den Vater warten, der für den Abend eine Radausfahrt versprochen hat.

Vielleicht kreisten die Gedanken des Handwerkers damals, um das – in diesem Jahr – verdorrte Getreide auf dem Feld, und dass er in diesem Herbst weniger Obst für das Hausgetränk, den Most, ernten konnte.

Oder – ob er heute Abend noch das Dach am Schuppen beim Haus reparieren soll, weil das dort gestapelte Brennholz bereits vom Regen durchnässt war.

Am Ende ging er doch lieber noch ins Wirtshaus um sich einen späten Feierabendtrunk zu gönnen. Die Dachreparatur wurde auf das Wochenende verlegt, wo »no nix plant war«! Dies konnte sich der Mann damals leisten.

Der Familienvater aber, der heute zwangsweise vor der roten Ampel wartet, kann und will nicht so fix umdisponieren, weil ja die Kinder nicht auf ihren Abendausflug verzichten sollen, und am nächsten Tag warten wieder neue, noch eiligere Termine auf ihn.

Trotz aller Not und Mühe war der Alltag damals noch nicht von einer solchen Hektik bestimmt wie heute. Auch das möchte ich mit meinen Erzählungen ins Bewußtsein rufen.

Ruth Slembek-Aldinger

Erinnerungen beim Mostholen im Keller

Zu unserem Keller führten dreizehn Steinstufen. Die Angst, die mich damals in unserem dunklen Keller beschlich, ist mir noch heute in Erinnerung. »Nun bist du zehn Jahre alt und es gehört zu deinen Aufgaben, täglich ein Krügle Most zu holen, du bist jetzt ein großes Mädchen!« so sagte meine Mutter an einem Abend im Herbst 1945 und drückte mir den Mostkrug in die Hand.

Mit lautem Poltern öffnete ich die Kellertüre, um die frechen Mäuschen zu vertreiben. Sie knabberten manchmal unsere Kartoffeln an, die als Wintervorrat in der Ecke des Kellers auf dem Boden lagerten.

Tatsächlich habe ich jedoch nie eine Maus gesehen, oder ich wollte einfach nicht wahrnehmen, dass ein dunkler Schatten über die Kellerstaffel huschte. Der Lichtschalter befand sich am unteren Ende der Treppe. Mit dem Drehen des Schalters war alles gar nicht mehr so schlimm. Es hielten sich wirklich keine Gespenster hinter dem Mostfass versteckt und ich gönnte mir erst mal einen Apfel.

Mit klopfendem Herzen schaute ich mich in dem dunklen Raum um, der bis vor einem halben Jahr bei Fliegeralarm und auch beim Einmarsch der Amerikaner unser Zufluchtsort war. Mit zwei Nachbarsfamilien haben wir uns oft über viele Stunden zwischen Koffern und Kartons in dem dunklen Keller aufgehalten. Im Frühjahr 1945 mussten wir uns tagelang dort unten häuslich einrichten. Für uns Kinder wurden notdürftig Schlafstätten hergerichtet, während die Erwachsenen immer wieder Wertgegenstände und warme Kleidung sowie Matratzen und Federbetten anschleppten. Obwohl noch bis vor ein paar Monaten der dunkle Keller fast unser ständiger Aufenthaltsort gewesen war und nicht so düster empfunden wurde wie gerade jetzt, da ich mutterseelenallein mit dem Mostkrug in der Hand vor dem Zapfhahn des großen Fasses stand, so vermutete ich nun in allen Ecken Kobolde und Dämonen. Ich fürchtete mich sehr, doch nicht zu sehr, um nicht an Ort und Stelle einen würzigen Apfel zu essen. Wir Kinder der Kriegs- und Nachkriegszeit bekamen unsere Ration Obst, wie auch das Brot, täglich zugeteilt.

Als ich an diesem Abend mit dem vollen Mostkrug in die Wohnstube kam, war die ganze Familie beim Vesper um den Tisch versammelt. Unsere Familie – das waren: eine sechs Jahre ältere Schwester und ein fünf Jahre äterer Bruder, eine kleine

Schwester im Alter von fünf und ein Brüderchen im Alter von vier Jahren. Mutter hatte die alleinige Verantwortung für ihre fünf minderjährigen Kinder. Der Vater war 1943 in Gefangenschaft bei Stalingrad verstorben.

Mein großer Bruder, der übrigens bisher den Most aus dem Keller holte, hatte eine neue Aufgabe übernommen. In den großen Ferien, noch bevor er seine eigentliche Lehre begonnen hatte, arbeitete er in einer Schreinerwerkstatt, und als Lohn dafür bekam er drei kleine Kaninchen und die Erlaubnis, auf dem Feld des Meisters Grünfutter zu holen. Auch durfte er in der Schreinerei einen großen Stall für seine Hasen zimmern. Die häusliche Pflicht des älteren Bruders war es nun, die Hasen zu versorgen. So war die Aufgabenverteilung in der Familie geregelt.

Heute war sein erster Arbeitstag als Lehrling bei einem ortsansässigen Wagner gewesen (ein Beruf, den es schon längst nicht mehr gibt). Natürlich hatte er immer Appetit, um nicht zu sagen großen Hunger.

An diesem Tag gab es Leberwurst auf halbe Marken im Konsum; das heißt, für ein 100-Gramm-Fleischmärkle gab es 200 Gramm von dieser Wurst. Damit schmierte die Mutter Brote. Für uns Kleinere reichte ein Wurstbrot, der Bruder, der schwer arbeiten musste, hat an diesem Abend drei Leberwurstbrote bekommen. Dank dem »Sonderangebot« fiel die abendliche Wurstzuteilung an diesem Tag etwas großzügiger aus als sonst.

Um bei den Lebensmittelkarten und somit beim Einkaufen zu bleiben, gehört es einfach dazu, von den damaligen Lebensumständen zu erzählen. Natürlich kann ich nur aus eigener Erfahrung berichten. Die letzten Kriegsjahre und die folgenden Jahre bis zur Währungsreform 1949 waren für alle Deutschen wirkliche Hungerjahre. Nein, nicht nur der Hunger war ständig präsent, auch Kleidung, Heizsowie Bau- und andere Materialien waren rationiert und nur in kleinsten Zuteilungen zu bekommen. Eine so genannte Kleiderkarte ist zweimal jährlich zugeteilt worden. Die Lebensmittelkarten sind an jedem Ersten eines Monats im Rathaus ausgegeben worden. Es gab verschiedene Kategorien und Sonderzuteilungen: für Erwachsene, für Kinder und Jugendliche, für Schwerarbeiter und für Kranke oder Invaliden. Noch eine Sonderzuteilung gab es damals, mit der wir Kriegskinder nichts anzufangen wussten, und die für reichlich Getuschel bei den »Nichtwissenden« sorgte. »Sonderzuteilung für werdende und stillende Mütter!« So stand es auf dem Plakat, das im Konsum auf einem Marmeladeneimer klebte. Weil es aber auch damals schon Allwissende gegeben hat, waren die Nichtwissenden schnell aufgeklärt. Bei einer stillenden Mutter war es einfacher, aber mit der werdenden

Mutter hatten wir jungen Rotzaffen damals noch unsere Probleme. Nicht zuletzt, weil die wenigen Frauen, die in Kriegszeiten schwanger waren, ihren Zustand unter weit geschnittenen Röcken verbergen konnten. Was lag nun näher als sich auf die Lauer zu legen, sprich durchs Schaufenster zu »Schbiggla«, um zu sehen, wer nun aus dem Marmeladeneimer seinen Teil bekommen hat.

Von meiner Einschulung im September 1941 ist mir der Aufmarsch der Hitlerjugend noch glasklar in Erinnerung: die Buben in ihren braunen Uniformen, die Mädchen in weißen Blusen und dunklen Röcken. Im Halbkreis haben sich die Klassen unter den Kastanienbäumen im Hof der Gartenschule aufgestellt, auf der rechten Seite beginnend mit den baumlangen Kerlen von der achten Klasse, in der linken äußersten Ecke bildeten die kleinen »Bieberle« mit ihren Müttern den Abschluss. Die Väter waren im Geschäft oder aber vor allem an der Front. Vor dem Haupteingang an der Treppe stand ein Rednerpult, von roten Hakenkreuz-Fahnen flankiert. Die Reden der braun uniformierten Herren mit ihren hohen Mützen da vorne interessierten mich weniger als der Schulranzen auf meinem Rücken aus zweiter Hand, an dem der weiße Stofflappen von meiner Schiefertafel an einer Kordel baumelte. Eine Schultüte, wie sie in heutiger Zeit üblich ist, kannten wir nicht, wenigstens nicht in meinem Heimatort.

Meine Gedanken waren bei der neuen Griffelschachtel in meinem Ranzen, ein wunderschönes braunes Etwas mit Einlegearbeiten im Schiebedeckel. Diese Griffelschachtel, die vom Schreinermeister Hirt in Handarbeit hergestellt und von meiner Mutter für drei Mark und zwei Pakete ESZET-Kakao erstanden worden war, hat mich durch meine Schulzeit begleitet und könnte eigentlich seine eigene Geschichte erzählen. Als Farbkasten arg ramponiert und zerkratzt, hat sie am Ende meiner Schulzeit ihr Leben ausgehaucht.

Zum Abschluss der Feier auf dem Schulhof unter den Kastanienbäumen wurde jetzt gemeinsam das Deutschlandlied gesungen, und währenddessen musste der rechte Arm zum Gruß hochgehalten werden. Das strengte mich über die Zeit der drei Strophen so sehr an, dass ich meine Hand einfach sinken ließ und mir dadurch einen unsanften Rippenstoß einhandelte. Von wem? Ich weiß es nicht mehr. Jedenfalls war es eine dürre, bis zu den Knöcheln schwarz gewandete Frau mit streng zurückgekämmten Haaren und einem geflochtenen Dutt im Nacken. An ihrem linken Arm hing ein schwarzes Handtäschchen mit silberfarbenem Bügel. An der rechten Hand hielt sie einen Jungen mit ebenfalls weit ausgestrecktem Arm, der, geradeso wie ich, erwartungsvoll, wenn nicht gar ängstlich, in die Runde sah.

Der erste Schultag begann mit dem kleinen i. Natürlich war ich darin schon perfekt, denn zwei ältere Geschwister hatten mir dies mit Hilfe eines Reims schon längst beigebracht. »Auf, ab, auf, – Dipfele drauf!« Stolz habe ich am nächsten Tag meine Schiefertafel voll mit »i« in Schönschrift vorgezeigt. Die Enttäuschung war niederschmetternd, als die Lehrerin nur einen kurzen Blick im Vorübergehen auf meine Arbeit warf und ohne ein Wort des Lobes an die Wandtafel trat und anordnete, unsere Tafeln zu säubern. Ich sollte also alles wieder abwischen, was in mühevoller Arbeit zu Hause am Küchentisch so korrekt aufgezeichnet worden war. Erstmals überkamen mich Zweifel an der Notwendigkeit der Schule. Für wen, wenn nicht für meine Lehrerin, hatte ich mich so angestrengt? Die Weisheit, dass ein Schüler nicht für den Lehrer lernt sondern für das Leben, war damals noch nicht geläufig, zumindest nicht bei einem »Bieberle«, sprich Erstklässler, wie ich damals eines war.

Die Schulstunden in den folgenden Jahren sind immer öfter unterbrochen worden. Luftschutzübungen und Verhaltensmaßregeln bei Fliegeralarm mussten geübt werden.

Wenn mitten in der Schulstunde überraschend die Glocke im Treppenhaus anschlug, hieß es aus den Bänken treten und vor der Klassentüre in Zweierreihen aufstellen, um in gemäßigten Schritten auf den Gang zu gehen. Es war äußerste Disziplin angesagt. Aus den anderen Klassenzimmern strömten ebenfalls Schüler in Zweierreihen der Treppe zu. Die Bieberle, wie die ABC-Schützen in Volkes Mund hießen, bildeten den Schluss.

Auf dem Schulhof gab es weitere Anweisungen für den Ernstfall. Eigens für diese Übungen war im Hof der Gartenschule eine Holzhütte aufgestellt, die den Dachboden eines Einfamilienhauses darstellen sollte. Auf und in diesem Dachboden sind von den langen Kerlen der achten Klasse anschauliche Übungen für den Fall eines Brandes durch abgeworfene Brandbomben demonstriert worden. Diese Szenerie wirkte sehr geisterhaft. Uns Kindern wurden Gasmasken übergestülpt, volle Wassereimer und Sandkisten sind herumgestanden. Mit langen Stangen, an deren Ende ein großes Stück Sackleinen angebracht war, haben die älteren Buben auf ein brennendes Etwas am Boden der Hütte eingeschlagen, das eine Brandbombe darstellen sollte. Immer wieder tauchten sie den Lappen an der Stange in den Wassereimer. Es muss nicht extra erwähnt werden, mit welcher Begeisterung die zehn bis elf Jahre alten Buben diese Luftschutzübungen mitmachten – bekannten sie sich doch damit zu den Helden des Jungvolks. Sandkisten und volle Wassereimer für den Ernstfall auf dem Dachboden aufzustellen war auch für jeden Hausbesitzer Pflicht.

Endlich war der Spuk in der verrußten Hütte vorbei. Für das sechsjährige Mädchen, das ich damals war, war dies eine Geisterveranstaltung, und ich war heilfroh, aus der Nähe der Flammen und der vorlauten Buben verschwinden zu können. Wieder mit äußerster Disziplin in Reih und Glied vor der Eingangstüre aufgestellt, ging es jetzt zurück ins Klassenzimmer.

Was von den Schulkindern damals noch als Spiel und als eine angenehme Unterbrechung des Schulunterrichts betrachtet worden ist, sollte mit den Jahren bitterer Ernst werden. Vorläufig jedoch ist bei uns Bieberle im Schulunterricht nicht von Krieg gesprochen worden. Ab und an erschienen in der Klasse selbstbewusste Herren in braunen Anzügen, deren Hosenbeine in blank polierten Schaftstiefeln steckten. Die hohen Schildmützen dieser Parteimänner haben mich sehr beeindruckt. In ihrer autoritären, doch freundlichen Selbstsicherheit wirkten sie wie Halbgötter. Dieser Herr da vorne, dessen Mütze jetzt auf dem Lehrerpult lag, an das er sich leicht angelehnt hatte, war die Verkörperung einer neuen schönen Zeit. Diese Ausstrahlung, diese mächtig sonore Männerstimme, es fehlte nur noch ein Heiligenschein über seinem Haupt. Niemals hätte ich diesen freundlichen Mann in Zusammenhang gebracht mit der stinkenden Brandbombe bei der Luftschutzübung auf dem Schulhof, denn die Bomben kamen ja von den

Engländern und nicht von unserem Führer. Der Parteimann, der da vorne am Lehrerpult in unserem Klassenzimmer stand, schilderte die neue Zeit in den höchsten Tönen. Er erzählte, dass unser Führer Adolf Hitler die Jugend und vor allem die Kinder sehr mag, auch erzählte er, wie deutsche Kinder zu sein hätten.

»Am liebsten mag er Buben mit akkuratem Scheitel und polierten Schnürstiefeln. Die Mädchen mag er mit schön geflochtenen Zöpfen, in bunte Dirndlröcke und weiße Blusen gekleidet. Bubiköpfe bei den Mädchen verabscheut er!« So erzählte der Anhänger eines verhängnisvollen Rattenfängers mit Namen Adolf Hitler damals in unserem Klassenzimmer. Wie die deutsche Jugend mit der Zeit uniformiert wurde, ist ja hinlänglich bekannt.

»Im Dienst« trugen die Mädchen vom BDM (Bund deutscher Mädchen) einen trägerlosen marineblauen Rock mit einer tiefen Doppelfalte in der vorderen Mitte. Am oberen Rand des Rockes waren Knopflöcher angebracht, in die eine weiße Bluse geknöpft werden konnte. Ein trägerloser Rock, das war es, was meine kindlichen Sinne nicht mehr losließ. Dazu muss man natürlich wissen, wie ein Mädchen damals gekleidet war: Über das etwas farblose Kleidchen wurde eine geblümte Schürze gebunden und zwar entweder eine Schulschürze oder eine Schaffschürze. Es gibt nicht wenige heutige Omas, die erzählen können, wie sie ihre Schulschürzen gehasst haben, und sie diese deshalb auf dem Schulweg, außer Sichtweite des Elternhauses, abgenommen, in ihrem Schulranzen verstaut und auf dem Heimweg kurz vor der Haustüre wieder umgebunden haben. Zu diesen eitlen Fratzen, die ihre Schürze im Ranzen versteckten, habe auch ich gehört. Natürlich hat es zu Hause wegen meiner zerknitterten Schürze regelmäßig Schimpfe gegeben. Bis, ja bis ich eine moderne bunte Schul-Trägerschürze bekommen habe, die sich in ihrem Aussehen von den im Rücken geknöpften Rundumschürzen deutlich unterschieden hat. Die Schaffschürze für den Rest des Tages bedeckte das ganze Kind, um das Kleidchen darunter zu schonen.

»Schonen« war überhaupt ein Ausspruch, der meine Kindheit prägte. Alles musste geschont werden. Auf dem Kanapee aus rotem Plüsch durften wir Kinder nicht hüpfen, denn dieses gute Stück musste geschont werden. Damals sind Möbel für ein ganzes Leben, ja sogar für Generationen angeschafft worden. Deshalb wurde natürlich alles geschont, nicht nur das Sofa, nein auch bei Tisch durfte mit dem Stuhl nicht »gegägt« werden. (Dieses nach hinten Gägen mit dem Stuhl, auf dem wir saßen, war bei uns Kindern sehr beliebt.) Die Beinchen, die noch nicht vom Stuhl bis auf den Boden reichten, mussten still gehalten und durften nicht geschlenkert werden. Dieses Stillsitzen ist eine weitere unangenehme Erinnerung an meine fernen Kindertage. Die Liste der genannten Gegenstände, die unbedingt geschont werden mussten, war endlos und ging von den Möbeln über die Schuhe bis zum Spielzeug. Auch in den Betten durfte nicht herumgehüpft werden, der Bettrost musste geschont werden. Der Ranzen, die Schultafel, ja sogar der Schiefergriffel durfte nicht unnötig verbraucht werden. Überhaupt ist ein Schulkind von 1941 nicht mit einem solchen in heutiger Zeit zu vergleichen. Die Schulutensilien eines Erstklässlers bestanden damals aus Schiefertafel, Griffelschachtel und Lesefibel, auch ist der Tagesablauf eines Schulkindes von damals weit entfernt von dem in heutiger Zeit.

Als Erstes hat die Mutter in aller Frühe Feuer im Küchenherd gemacht, auch im höchsten Sommer, noch bevor sie uns geweckt hat. Elektrische Heizplatten waren zwar bekannt, doch nicht als Herd, sondern als Einzelplatten. Eigentlich sind solche Platten nur zum Schobbele wärmen oder zum Teewasser kochen benützt worden. Der Strom war einfach zu teuer, um ganze Mahlzeiten damit zu bereiten. – Im Herdschiff, ein großer länglicher Wasserkessel (deshalb Schiff) an der Seite des Herdes eingehängt, hat ständig warmes Wasser zur Verfügung gestanden – vorausgesetzt der Herd war beheizt. Aus dem Schiff hat jeder mit dem

Wasserschäpfle, das an einem Haken neben dem Herd hing, warmes Wasser in eine weiß emaillierte Waschschüssel geschöpft. Nacheinander haben wir Kinder uns am Schüttstein (Küchenspüle) gewaschen. Anschließend hat die Mutter uns Mädchen die Zöpfe geflochten, und meinem Bruder hat sie mit dem Kamm einen schnurgeraden Scheitel gezogen.

Noch eine wichtige Arbeit unserer Mutter an diesen frühen Vormittagen ist erwähnenswert: Für drei Schulkinder mussten mit dem Küchenmesser Griffel und Bleistifte gespitzt werden, und zwar täglich, immer wieder bis zum äußersten Ende. Wenn der Stift zu kurz geworden ist, ist eine Verlängerung aufgesteckt worden, so dass die Schreibwerkzeuge tatsächlich bis auf den letzten Stumpf aufgebraucht werden konnten.

Unsere Schulsachen haben wir beim Buchbinder Sommer in der Vorstadtstraße und bei Frau Schramm in der Bismarckstraße gekauft. Frau Schramm war sehr dominant, jeder Zoll Geschäftsfrau. Mürrisch konnte sie auch schon mal mit uns Kindern schimpfen. Frau Sommer war eine kleine, zierliche Frau mit langem, schwarzem Rock. Ihr dünnes Zöpfle war im Nacken zu einem spärlichen Nestle gedreht, die Haarnadelspitzen ragten ein ganzes Stück aus dem kleinen Bierzle heraus. An diese Frau, die noch aus dem neunzehnten Jahrhundert stammte, erinnere ich mich gerne. Sie hat mir oft ein glänzendes Albumbildle geschenkt. Einmal hat sie eine leere Zigarrenkiste über den Ladentisch geschoben, auf den ich gerade so schauen konnte und sagte: »Do kannscht deine Sacha neidoa!« Diese Kiste ist mein Schatzkästlein geworden. In der Schublade von meinem Nachtkästle neben den Taschentüchern hatte sie über viele Jahre ihren Platz, später hat die nicht mehr gerade schön anzusehende braune Holzkiste ein Kleid aus buntem Glanzpapier bekommen. Meine Schätze waren: bunte Bildchen, die in der Kinderkirche an aufmerksame Kinder verteilt worden sind, auch Scherenschnitte und eben diese glänzenden Albumbildle von der Buchbinderin.

Taschengeld war ein Fremdwort, deshalb ist getauscht worden auf Teufel komm raus und da hatten die bunten Albumbilder natürlich den höchsten Stellenwert. Ein Bildle mit roten Rosen in einem geflochtenen braunen Korb und ein Puttenengel auf blauer Wolke brachten ein Zopfspängle mit einem gelben Blümchen darauf ein.

Wenn ich heute – anno 2000 – einen Blick in ein mit Spielzeug überladenes Kinderzimmer werfe, denke ich an die zuletzt arg zerfledderte Zigarrenkiste, in der alle meine kindlichen Habseligkeiten Platz hatten.

Zu Ostern 1943 habe ich ein Nähkörble bekommen. Jedes Schulmädchen brauchte ein Behältnis für die Handarbeitsstunden. Bisher war dies für mich ein rot kariertes Säckle mit einer eingezogenen Kordel am oberen Rand. Wir Mädchen hatten Handarbeitsunterricht in der Burgschule, beim Fräulein Siegler. Wir, das heißt der Jahrgang 34/35, waren die letzte Klasse vor ihrem Ruhestand, also muss sie damals schon über sechzig Jahre alt gewesen sein. Sie war eine hagere Frauengestalt, schön anzusehen, aber eben für meine damaligen Begriffe schon sehr alt. Der Rocksaum endete bei den Knöcheln, ihre großen Füße steckten in schwarzen Schnürschuhen. Doch weshalb die Erscheinung des Fräulein Siegler noch heute so sehr in meiner Erinnerung lebt, war der gehäkelte weiße Spitzenkragen und ebensolche Manschetten an den langen Ärmeln ihrer dunklen Bluse. Ihre Brille war aus purem Gold, so schien es mir damals, weil die Ränder goldfarben gewesen sind, so ganz anders als die Lesebrille von meinem Großvater. Über diese Goldbrille hinweg konnte sie sehr streng schauen, wenn sie zum wiederholten Mal Maschensalat zu ordnen hatte.

In mein Nähkörbchen war am oberen Rand bunt geblümter Stoff eingenäht, der mit einer roten Kordel, die gleichzeitig auch als Tragegriff diente, geschnürt war.

Am Dienstagnachmittag sind wir über den Kirchbuckel zur Burgschule hinter der Kirche marschiert. Die Körbchen wurden schick am Handgelenk getragen. Manchmal, wenn die Dame vergessen war, ist das Körble auch mal im hohen Bogen über den Kopf gewirbelt worden, oder aber es wurde zweckentfremdet als Waffe gegen die frechen Buben benutzt.

Strick- und Häkelnadeln haben mich durch mein Leben begleitet. Sie waren es auch, die in den Nachkriegsjahren frohe Urstände feierten, doch davon wird an anderer Stelle erzählt.

Schon im Kinderschüle, bei den evangelischen Schwestern Elsa und Berta, habe ich mit Hingabe an einer Strickliesel gefingert. Eine Schnur aus bunten Wollresten war das Ergebnis meiner kindlichen Bemühungen, und eine lange Zeit gehörte diese farbenfrohe Schnur als »Hopfsoil« zu meinen wenigen Spielsachen. Weil ich zu Hause keine Strickliesel besaß, hat mein Bruder in eine leere Garnrolle aus Holz vier kleine Schrauben gedreht und die Köpfe der Metallstifte abgefeilt, so hatte ich nun meine eigene Strickliesel.

An meine Kindergartenzeit im evangelischen Gemeindehaus in der Bismarckstraße habe ich keine erbaulichen Erinnerungen. Die schwarz gekleideten Frauen mit den hellen Hauben umgab etwas Furchteinflößendes. Das ständige Stillsitzen und der autoritäre Drill der frommen Schwestern waren ein Alptraum in meinem kindlichen Dasein. Wen wundert es, dass die Strickliesel als mein einziger Halt diente. Anders war es an schönen, sonnigen Tagen, wenn der Garten zum Spielen genutzt werden konnte. In einem Schuppen, der an den Gartenschulhof grenzte, war Spielzeug vorhanden und für die Buben Schaufeln und Schubkarren. Zwei große Sandkästen standen zur Verfügung, einer für die Mädchen, der andere für die Buben. Puppenwägele mit den dazugehörigen Puppen standen in Reih und Glied unter den Regalen im Schuppen. Natürlich hatte ich nur selten das Glück, als Puppenmutter zu glänzen: Meine Ellbogen waren schon damals zu schwach, um mich richtig durchsetzen zu können, was sich in meinem späteren Dasein nicht wesentlich geändert hat. So habe ich halt damals gewartet, bis die weniger bescheidenen, vor allem älteren Mädchen das begehrte Stück mit den hohen Rädern und einer abgegriffenen Puppe irgendwo abgestellt haben.

Vom Krieg, von Polen, von Russland und England haben die Eltern in dieser Zeit viel gesprochen, auch, wie ich instinktiv gefühlt habe, sehr besorgt, ja sogar ängstlich. Doch es gab keinen Gedanken daran, dass mein Vater, der immerhin fünf Kinder hatte, jemals in den Krieg müsste. Nicht zuletzt, weil von der Partei immer wieder versprochen wurde, dass Väter von kinderreichen Familien nicht einrücken müssten. Kinderreichtum war im Sinne von Adolf Hitler. Mehrfache Mütter wurden sogar mit dem Mutterkreuz ausgezeichnet. Doch vor den alltäglichen Querelen, die nun mal

Familien mit einigen Kindern auf sich nehmen müssen, schützte auch das schönste Mutterkreuz nicht.

Der Tag, an dem ich so richtig bewusst mit dem Krieg konfrontiert worden bin, war ein sehr trauriger: Im Spätsommer 1940 traf der Stellungsbefehl, wie bei so vielen Familien, auch bei uns ein.

Unser Vater, der von Haus aus sehr gut und liebevoll mit Pferden umzugehen wusste, wurde als Pferdepfleger hinter der Front vorgesehen. So stand es ausdrücklich in dem Begleitschreiben, was natürlich für uns alle sehr beruhigend war. Die erste Nachricht von unserem Vater kam in Form einer Postkarte aus Frankreich. Wie oft habe ich diese Postkarte in meinen Händen gehalten und in Gedanken mit meinem Vater gesprochen. Das Bild auf der Vorderseite der Karte schien aus einer anderen Welt zu sein. Eine dunkelrote Rose auf zartblauem Grund war da zu sehen, das Ganze eingerahmt mit einer gezackten, in Gold glänzenden Kante. In Mutters Schatzkästlein, das noch aus ihrer Mädchenzeit stammte, gab es zwar Postkarten mit sentimentalen Sprüchlein und schönen Blütenranken, doch sie waren nicht im Entferntesten vergleichbar mit diesem Hochglanzexemplar aus Frankreich.

Bei einem Kurzurlaub, den Vater über ein Wochenende im Herbst 1941 genehmigt bekommen hatte, habe ich meinen Vater zum letzten Mal gesehen. Wir gingen am Sonntagnachmittag ins Fotoatelier Gneiting in der Bismarckstraße. Das erste und einzige Familienfoto, die letzte Erinnerung an den Vater, ist an einem regnerischen Sonntagnachmittag im Herbst 1941 dort entstanden. Bis zur Auflösung von Mutters Haushalt, dreißig Jahre später, hatte das Foto in einem braunen Holzrahmen hinter Glas seinen Platz auf unserem Wohnzimmerbüffet. In vielen Wohnstuben waren damals diese Famlienfotografien mit den Vätern in ihren Militäruniformen zu sehen.

Schulweg mit Elfenreigen und Fliegeralarm

Wendlingen und Unterboihingen waren ehemals zwei eigenständige Ortschaften, Unterboihingen streng katholisch und Wendlingen pur evangelischen Glaubens. Die beiden in ihren Weltanschauungen so sehr verschiedenen Gemeinden sind 1940 unter der Naziherrschaft zwangsweise zusammengelegt worden. Diese Tatsache hat bestehende Freundschaften, ja sogar die verwandtschaftlichen Zusammengehörigkeiten sehr stark belastet. Regelrechte Fehden haben sich entwickelt. Bei jeder Gelegenheit haben sich die Jugendlichen geprügelt und beschimpft. Als wegen des Lehrermangels auch noch die Schulen zusammengelegt werden mussten, hielten katholische Eltern ihre Kinder oft vom vermeintlich evangelisch geprägten Schulunterricht fern.

Beide Ortschaften sind mit den Jahren zusammengewachsen. Die Felder, die trennend dazwischen lagen, sind längst überbaut und eine schöne Stadtmitte ist ziemlich genau zwischen den ehemals verfeindeten Gemeinden entstanden.

Weil die meisten jungen Lehrer beim Militär waren, mussten damals zwei ältere Lehrer in Wendlingen und eine Lehrerin sowie ein schon sehr betagter Lehrer in Unterboihingen zeitweise acht Klassen im Wechsel betreuen. Ab und an haben junge Lehrer, die extra dafür vom Kriegsdienst freigestellt wurden, für einige Wochen ausgeholfen. Doch auch diese Regelung hatte keinen Bestand. Wendlinger und Unterboihinger Klassen sind deshalb zu gemeinsamen Schulstunden zwangsverpflichtet worden. In monatlichem Wechsel war Unterricht einmal hüben und einmal drüben. Somit konnte einerseits bei der Feuerung gespart werden und andererseits waren durch die Zusammenlegung der Klassen die wenigen Lehrkräfte zeitlich entlastet, wenn auch für den Preis von überfüllten Schulzimmern. An diese Unterboihinger Schulzeit mit den endlos langen Fußmärschen sind unangenehme Erinnerungen geknüpft.

Der Winter 1942 war sehr kalt und lang andauernd. Ich erinnere mich an einen Morgen im Februar, an dem sehr hoher Neuschnee auf den Straßen lag. Der Bahnschlitten war ein großer schwerer Schlitten aus Holz mit spitz zulaufenden Kufen. Darauf saß ein dick vermummter Fuhrmann, der mit lautem »Hü« die davor gespannten Pferde angetrieben hat. Der Bah'schlitta also zog eine breite Spur in den weichen Schnee auf der Straße. Entlang ihrer Häuser haben die Anwohner Schnee geräumt, das heißt, sie haben ein enges Fußwegle freigeschaufelt und mit Asche aus dem Herd bestreut.

Dort, wo keine Häuser standen, gab es auch kein Fußwegle, da hieß es, durch hohen Schnee zu stapfen. Nicht etwa in warme, robuste Thermohosen und winddichte Anoraks gehüllt, nein, eine schwarze Trainingshose aus Baumwolle schaute unter meinem Mantel hervor.

Von der Ortsmitte Wendlingen bis zum Boihinger Sträßle war es ein unendlich langer Fußweg für uns Schulkinder. Das Boihinger Sträßle zog sich damals von der Germania bis zum Bahnübergang Kirchheim durch Felder und Wiesen.

Das Häufle Kinder an diesem frühen Morgen ist immer größer geworden, an jeder Ecke sind einige Buben und Mädchen dazugestoßen. Meine Trainingshose war in kürzester Zeit bis zu den Knien steifgefroren. In Sichtweite der Häuser machte es noch Spaß, durch den tiefen Schnee zu gehen, denn dort war ja immer wieder ein Fußwegle freigeschaufelt. Ab dem Haus »Moschte Frasch«, heute Reformhaus, bis zur Germania, da hieß es jedoch, durch den tiefen Schnee zu stapfen. Der Schulranzen drückte auf den Rücken – die Germania war in greifbarer Nähe – jetzt das Sträßle (der Weg zwischen hüben und drüben ist das Sträßle genannt worden) – Gott sei Dank, aber:

Oje, eine schneebedeckte weite Landschaft lag vor uns. Ganz hinten am Horizont ragten die Unterboihinger Häuser mit ihren qualmenden Schornsteinen aus der Schneelandschaft. Kein Weg, kein Steg, geschweige denn das Sträßle war zu sehen. Sibirien konnte nicht schlimmer sein!

In der heutigen Stadtmitte, etwa beim Langhaus, hatte Familie Mayer, allgemein unter »Dreschermayer« bekannt, ihr Anwesen. Das Sträßle führte direkt an ihrem Haus vorbei. Mit einem dicken Wollschal um den Hals, einer Pudelmütze auf dem Kopf und schwarzen Ledergamaschen um die Beine, so hat der Dreschermayer mit seinem Schneeschieber mühsam einen Pfad über seinen Hof bis zur Straße freigeschaufelt. Vor der Haustüre waren zwei Frauen damit beschäftigt, große volle Milchkannen auf einem Schlitten festzubinden, um sie zur Ablieferung ins Milchhäusle nach Unterboihingen zu bringen. Eine der dick vermummten Frauen hat den Schlitten gezogen und die andere hat seitlich die Milchkannen festgehalten, denn die Fuhre drohte jeden Augenblick umzukippen.

Stapf, stapf, stapf – so schob sich das Häufle Kinder durch den hohen Schnee. Endlich war der Bahnübergang nach Kirchheim erreicht. Bei den ersten Häusern waren wieder kleine Gassen in den Schnee geräumt, und auf der Hauptstraße beim Schloss kam uns der Unterboihinger Bah'schlitta entgegen. Tränen kullerten über meine Wangen, die Finger in den Handschuhen waren klamm und steif. Endlich war die Lindenschule erreicht, aber niemand kümmerte sich um unsere nassen Kleider, an deren Saum kleine fest gefrorene Eiszäpfle hingen. Unter den Schulbänken sammelten sich Pfützen.

Am Abend bekam ich Fieber und musste – durfte – am nächsten Tag im Bett bleiben. Das Fieber stieg weiter, und ein Schüttelfrost jagte den anderen. Wadenwickel und Kartoffeldämpfe wechselten sich ab, bis zwei Sanitäter das Häufle Elend, das ich war, in eine Wolldecke gehüllt in ihrem Rot-Kreuz-Wagen mitnahmen, von den Nachbarkindern bemitleidet und bestaunt. In der Kinderklinik in Esslingen standen zwei kleine Kinderbetten in einem sonst leeren Krankenzimmer an der hintersten Wand. In der Nacht sind zwei verwundete junge Soldaten in ihren Betten hereingerollt worden. Für die pflegenden Schwestern blieb nur ein schmales Gängle. Am Morgen ist noch ein Kind dazugekommen. So teilten zwei kleine Kinder das Zimmer mit zwei schwer verletzten Soldaten. Nach vier Wochen war eine schlimme Diphtherie überstanden. Der Schnee war verschwunden und auch fast schon vergessen.

Ein damals schon älterer Lehrer hat die großen Schüler unterrichtet. Wir Kleinen von der zweiten Klasse waren dem Fräulein Gengenbach anvertraut. Ob sie eine gute oder strenge Lehrerin war, kann ich heute, nach fast sechzig Jahren, nicht mehr beurteilen.

Doch eine schöne Erinnerung an die Lehrerin, die im Februar 2000 im Alter von 101 Jahren verstorben ist, will ich nicht vorenthalten. Die Lehrerin Gengenbach hat einen sonnigen Winternachmittag genützt, um mit ihren Kleinen einen ausgedehnten Spaziergang zu machen. Über den Feldern hinter der Lindenschule, die damals noch nicht mit Häusern überbaut waren, lag eine fest gefrorene Schneedecke. Eiskristalle funkelten in der Sonne. Wir durften also über diese gefrorene Pracht gehen, ach was, regelrecht im Tanz geschwebt sind wir damals. Das Fräulein Gengenbach hatte ihre Freude an den Reigentänzen der Mädchen. Zwei Frauen kamen des Wegs; sie gaben ihr Gefallen mit klatschendem Beifall kund.

Wie aus dem Märchenbuch wirkt heute in verklärter Erinnerung diese Szenerie: Im freien Feld auf glitzerndem Schnee tanzten Kinder in der Nachmittagssonne. Nein, es waren bestimmt keine Elfen, die dort auf dem Feld in Unterboihingen singend und tanzend ihre Runden drehten:

»Dornröschen war ein schönes Kind,
schönes Kind, schönes Kind …
da kam die böse Fee herein,
Fee herein, Fee herein ...
da wuchs die Hecke riesengroß, rie-sen-groß!«

Elfen haben lange blonde Haare und helle Gewänder. Diese Wesen auf dem Feld hinter der Lindenschule im Jahre 1942 waren Schulkinder in dunklen Mäntelchen, braunen Wollstrümpfen und hohen Schnürstiefeln. Die Haare fielen keinesfalls lose um die Schläfen, nein, streng geflochtene Zöpfe hingen unter der Pudelmütze hervor und über die Schultern. Ein friedliches Bild muss dies gewesen sein, fernab von der Front, vom Kriegsgeschehen.

Obwohl Religionsunterricht nicht im Stundenplan stand und bei der Partei verpönt war, sind die Religionsstunden geduldet gewesen. Eine Freundin, die auf dringendes Geheiß ihrer Eltern diesen Unterricht besuchte, habe ich einige Zeit dorthin begleitet. Aber immer weniger Kinder sind zum Religionsunterricht ins Brennerstüble im Pfarrhaus gekommen, bis zuletzt gar kein Interesse mehr vorhanden war, zumal die Hitlerjugend mit ihren tollen Aktivitäten lockte.

Wie habe ich meinem zehnten Geburtstag entgegengefiebert. Endlich bin ich, sind wir Zehnjährigen, in diese Reihen aufgenommen worden.

Im März 1945 war es so weit. In der Turnhalle sind wir, etwa zehn Mädchen (nur!), wenige Wochen vor Kriegsende von zwei Gruppenführerinnen empfangen worden. Wie habe ich diese Frauen bewundert, wie sie da vor uns standen mit ihren weißen Blusen und dem schwarzen Halstuch, das durch einen braunen Lederknoten geschlungen war. Irgendwie hatte dies alles jedoch nicht mehr den richtigen Glanz. Die Führerinnen wussten nicht, was sie uns Kindern sagen könnten, denn sie ahnten im Gegensatz zu uns Kleinen, dass es die Hitlerjugend bald nicht mehr geben würde. Nach einer Turnstunde auf dem Sportplatz haben sie uns verabschiedet. Ohne Glanz und Gloria, ohne Hitlergruß. Ich habe die Welt nicht mehr verstanden. Nur vier Wochen später war endgültig alles aus. Warum diese Hitler-Jugendbewegung so sang- und klanglos in der Versenkung verschwunden ist, habe ich erst so nach und nach gelernt zu begreifen.

Luftangriffe und geschenkte Brotschnitten

Waren noch kurz nach unserer Einschulung im Jahre 1941 die Unterbrechungen des Schulunterrichts zur Probe für den »Ernstfall« eher seltener, so gehörten Ernstfälle mit der Zeit zur Tagesordnung. Das heißt, eigentlich war nichts mehr in Ordnung. Im Winter mussten gelegentlich Briketts mit zur Schule gebracht werden, um das Feuer im Ofen über vier Stunden anzuhalten. Bei zwei Briketts pro Kind zweimal wöchentlich hat das in unseren heimischen Brikettvorrat ein großes Loch gerissen. In Zeitungspapier gewickelt wurden die Briketts hinter dem riesigen Ofen gestapelt, der mitten in unserem Klassenzimmer stand. Auch »Schpächele«, kleine Holzscheite, brachten die Kinder zum Entzünden des Feuers mit. Diese Holzscheite schichteten wir ebenfalls hinter dem Ofen auf. Im Winter 1944/45 fand kaum noch Schulunterricht statt und wenn, dann meistens für die unteren Klassen, weil oftmals der nächtliche Fliegeralarm bis in den Morgen andauerte oder über Tage hinweg keine Entwarnung mehr gegeben wurde. Regelmäßiger Unterricht konnte schon zuvor nicht mehr stattfinden.

Die Luftangriffe auf die Bevölkerung häuften sich. Wurden wir bisher des Nachts eher selten aus dem Schlaf gerissen, so plärrten die Sirenen nun jede Nacht und am frühen Morgen, ja sogar am hellen Tag, auch während der Schulstunden und auf dem Schulweg. Entlang vom Sträßle von und nach Unterboihingen waren Unterstände, so genannte Bunker, gegraben, in denen die Fußgänger im Falle eines Luftangriffs Schutz suchen konnten. Solche Bunker gab es auch – über Schäferhausen – von und nach Köngen.

Diese unseligen Fliegerangriffe sind mit schlimmen Erinnerungen an meine Kinderzeit verknüpft. Wenn die Sirenen während des Schulunterrichts Voralarm signalisierten, bekam jedes der einheimischen Kinder Order, eine Freundin oder einen Freund in sein Elternhaus und somit in den Luftschutzkeller mitzunehmen. Die evangelischen Kinder waren in katholischen Kellern jedoch nicht gerne gesehen. Wieder einmal, wie schon so oft, heulten während einer Schulstunde in Unterboihingen die Sirenen ohne Voralarm. Dunkle, feindliche Flugzeuge kreisten am Himmel. Weil schon auf die Autobahn geschossen wurde, stürzten wir Kinder panisch aus der Klasse. Aus Angst vor den schwarzen Ungetümen über uns flüchtete ich in den nächstgelegenen

Hauseingang. Eine unfreundliche Frau schnauzte mich an: »Verschwend!« Der zahnlose Mund und die wirren Haarsträhnen, die aus ihrem Kopftuch hervorschauten, jagten mir mehr Angst ein als die Flugzeuge, die gerade wieder in einem großen Bogen am Himmel kreisten. Im Schutz der Häuser schlich ich nun ziellos die Straße entlang. Tränen vernebelten meinen Blick. In diesem Moment war ich das einsamste Kind auf Erden, keine Menschenseele weit und breit. Mein Schutzengel aber bewahrte mich vor weiteren Ängsten. Plötzlich rief eine Frau aus ihrem geöffneten Fenster: »Do komm einer! Des ist doch z'gfährlich do dussa!« Sie schickte mich in den Keller, dort durfte ich mit ihren beiden Kindern spielen. Sie hat nicht viel gesprochen, geschäftig lief sie umher. Ein Vater war nicht zu sehen. Wie bei vielen Familien damals war die Frau der Hausherr, besorgt und wachsam schaute sie auch nach den Tieren im Stall. Endlich Entwarnung! Eigentlich schade, denn gerade hatten wir Kinder uns angefreundet.

Wir durften wieder nach oben gehen, und wie selbstverständlich habe ich mich mit an den Küchentisch gesetzt. O Wunder, die wortkarge Frau schob auch mir, dem evangelischen Kind, einen gefüllten Teller über den Tisch. Nie wieder haben mir gelbe Rüben und Spätzle so gut geschmeckt wie damals in der fremden Küche bei der katholischen Familie. Nach dem Essen sagte sie zu mir:

»So, jetzt kaascht hoim ganga, jetzt ischs nemme g'fährlich.«

Mit einem alten, klapprigen Fahrrad musste ich einmal in der Woche im zwei Kilometer entfernten Bodelshofen das Gemeindeblättle austragen. An einem heißen Sommertag war ich wieder einmal mit meiner »Rostlaube« unterwegs. Diese Fahrten waren übrigens sehr lohnend, ein Zubrot im wahrsten Sinne des Wortes habe ich »verdient«. Statt das Blättle einfach unter der Haustüre durchzuschieben, so wie es eigentlich damals Brauch war, habe ich geklingelt oder einfach gerufen, denn Klingeln waren nicht an jedem Hauseingang angebracht. Zum Monatsende musste das Blättle kassiert, das heißt von den Beziehern bar bezahlt werden. Bei dieser Gelegenheit gab mir einmal eine Bauersfrau in ihrer Küche ein Glas Milch zu trinken. Aus der Schublade unter dem Tisch nahm sie einen runden Brotlaib. Sie schnitt mit einem riesengroßen Messer einen Ranken davon ab und packte das Stück Brot mit den Worten »Do hoscht a Veschper« in eine Tüte.

Damals waren die Nahrungsmittel per Lebensmittelkarte rationiert, das heißt 100 g Brot pro Kopf war eine Tagesration. Was Wunder, dass ich nun jede Woche das Blättle eigenhändig, auch wenn nicht kassiert werden musste, abgegeben habe. Die wöchentlichen Almosen für das Zeitungsmädle in Form von einem großen Stück Bauernbrot wurde bald bei allen Beziehern zur Gewohnheit. So konnte ich regelmäßig eine Tasche voller Brotschnitten zu Hause auf den Küchentisch kippen und die Welt war wieder in Ordnung, wenigstens für ein paar Tage. Auch die geschenkten Brotranken sind von der Mutter streng zugeteilt worden.

Wieder einmal war ich mit dem Fahrrad nach Bodelshofen unterwegs. Die heutige Bodelshofer Straße im Steinriegel war damals noch ein Feldweg, kurz »dr Bolzhöfer Weg«. Weit und breit gab es nur Felder, zwischendurch einige Obstbäume. Ich ließ die letzten Häuser hinter mir und radelte mit einem Packen Zeitungen auf dem Gepäckträger den staubigen Weg, der sich als ein weißer Faden durch diese sommerliche Idylle zog, dahin. Friedliche Stille ringsum, die Luft flimmerte in der Mittagssonne. Buchstäblich aus heiterem Himmel kam aus den Wolken ein Schatten heraus, und ein Riesenvogel raste auf mich zu. Ein grelles Schnattern war zu hören, und gleichzeitig spritzte die Erde neben dem Weg hoch. Wie auf eine Schnur aufgereiht taten sich kleine braune Löcher neben dem Weg im grünen Gras auf. So unvermittelt wie der Spuk begann, war er auch wieder vorbei. Das sieben- oder achtjährige Kind von damals ahnte nicht, wie nahe es dem Tod war, doch die Frau von heute überlegt mit zunehmendem Alter manchmal: Warum haben die Geschosse damals ihr Ziel verfehlt? War der Pilot selbst Vater eines kleinen Mädchens und wusste er, dass mit dem Tod eines Kindes kein Krieg zu gewinnen war?

Die Schüler, selbst die kleinsten aus den unteren Klassen, sind mehr und mehr mit dem Kriegsgeschehen konfrontiert worden. Was musste alles für die Soldaten an der Front gesammelt, geschneidert, gestrickt und genäht werden! Ganze Schulklassen sind mit Körben über die Felder gepilgert, um Heilkräuter zu sammeln. Diese Spaziergänge wurden als Naturkundeunterricht ausgewiesen. Damals habe ich Huflattich, Schafgarbe, Spitzwegerich, Breitwegerich, Brennnesseln, Taubnesseln, Sauerampfer und viele andere Heil- und Arzneikräuter kennen gelernt. Viele Körbe voll sind an den Wegrändern gesammelt und in der Gartenschule abgeliefert worden. Der Lindenbaum beim Pfarrhaus im Städtle ist in seiner Blütezeit regelrecht geplündert worden, was zwar offiziell nicht erlaubt, doch für den guten Zweck geduldet wurde. Auf dem obersten Bühnenboden in unserem Bauernhaus sind die Lindenblüten auf Zeitungspapier zum Trocknen ausgebreitet worden. In kindlichem Eifer habe ich die Blüten täglich aufgeschüttelt und gewendet. Der Gedanke an die verwundeten Soldaten in den Lazaretten hat uns Kinder immer wieder angespornt.

In den Handarbeitsstunden sind Strickteile im Quadrat 20 × 20 cm aus alten Wollresten gehäkelt und gestrickt worden. Nicht nur Schulkinder, auch Hausfrauen haben aus jedem alten Pullover und aus allen möglichen Wollresten solche Quadrate gestrickt, die im Gemeindehaus von jungen Frauen und BDM-Mädchen zu großen Wolldecken zusammengehäkelt worden sind. Schals, Pulswärmer, Socken, Handschuhe und Pudelmützen für die Soldaten an der Front wurden ebenfalls von Frauen und Schulkindern hergestellt. Von der Frauenschaft (ehemaligen BDM-Führerinnen) ist die Ware im Gemeindehaus gesammelt und für den Versand zusammengestellt worden.

Eine sehr unangenehme Sache war das Knochensammeln. Alte Knochen sammeln, wofür? – Ich weiß es nicht! – Auch hier habe ich eine unerfreuliche Erinnerung: Die Fleischzuteilungen waren damals nicht so üppig, infolgedessen waren auch die Knochen Mangelware. Wenn ich mich recht erinnere, mussten die Knochen frei von allen Fleischresten und in Salzwasser abgekocht gewesen sein.

Wir waren zu Hause drei Schulkinder. Jedes Kind musste am Dienstag in der Schule seine Tüte mit Knochen abliefern, sonst wurde die Strafe verhängt in Form einer »Tatze« (ein Hieb, mit dem Stock auf die ausgestreckte Innenfläche der Hand). Mein großer Bruder hat natürlich die wenigen Knochen vom sonntäglichen Mittagstisch gesammelt und bis zum nächsten Dienstag versteckt gehalten (es gab nur an den Sonntagen Fleisch). Unser bisheriger Lehrer hatte die Sammelei nicht so genau genommen, besonders wir Kleinen mussten die ekligen Knochen nicht abliefern.

Ab der dritten Klasse kamen wir von der Gartenschule in die Lauterschule und bekamen einen neuen Lehrer, einen von der alten Garde. Ab nun stand an jedem Dienstag vorne beim Pult ein großer Karton. Dort mussten die Tüten mit den Knochen unter dem gestrengen Blick des alten Ekels hineingelegt werden. Im Hühnergarten unserer Nachbarin fand ich an dem bewussten Dienstagmorgen ein einziges Knöchelchen. Schweren Herzens bin ich also mit dem »Fundstück«, das locker in eine Tüte gelegt war, zur Schule gegangen. Vorsichtig habe ich die Tüte aufgepustet und am Rand des Kartons abgelegt. Aber, o Schreck, die Argusaugen des Alten haben den Schwindel erkannt, und die oben beschriebene Strafe ist mir zuteil geworden. Wie habe ich diesen Lehrer gehasst ob der unverdient empfangenen Strafe! Noch heute, nach so vielen Jahren, denke ich mit Grauen an diesen Glatzkopf mit der Nickelbrille.

Paddelbootvergnügen und Badespaß am Neckar

Im Jahr 1944/45 konnte kein regelmäßiger Schulunterricht mehr stattfinden. Jede Nacht war Fliegeralarm und das hieß, im Halbschlaf in den Keller mehr stolpern als gehen. Unsere Federbetten unter den Arm geklemmt, so rannten wir die 13 Steinstufen in das dunkle Verlies hinunter. Unser Elternhaus war auf der Stadtmauer im Bereich um das »Gasthaus zur Sonne« erbaut. Es war eines der ältesten Anwesen von Wendlingen überhaupt.

Wir bewohnten dieses Haus zwar nur zur Miete, aber die wichtigsten Jahre meines Lebens habe ich dort erleben dürfen. Es waren meine Kinder- und Jugendjahre im Elternhaus in der Schafgasse, wie die Pfauhauserstraße bis hinauf zum Friedhof genannt worden ist. Als 1972 das alte Bauernhaus abgetragen wurde, sind auch meine Kinderjahre in der Versenkung verschwunden. Natürlich kann einem alten Kasten nicht nachgetrauert werden. Längst hat man sich an die Annehmlichkeiten in den neuen Wohnungen gewöhnt. Die Zeit mit meinen Kindern und mit meiner Familie in den sechziger, siebziger und achtziger Jahren war eine ganz andere Zeit als die im Dritten Reich und danach.

Wehmütige, wenn nicht gar zornige Gefühle haben mich beschlichen, als im Jahr 1999 das Gebiet in der Schafgasse wieder bebaut wurde und alte Reste der Stadtmauer ausgegraben und dann aber einfach wieder zugeschüttet worden sind. Damals habe ich mich entschlossen, die Zeit »davor« schriftlich festzuhalten. Wenigstens meinen Kindern sollte übermittelt werden, wie auf und bei der alten Stadtmauer einmal gewohnt, gelebt, gespielt und gestritten wurde, doch auch Ängste und tiefe Trauer überwunden werden mussten.

Die obere Mühle stand jenseits der Stadtmauer, in engster Nachbarschaft mit unserem Haus, das ja direkt auf der Stadtmauer erbaut worden war. Der Mühlbach war ein künstlich angelegter Kanal. Das Wasser der Lauter ist oberhalb der Turnhalle gestaut und abgezweigt worden und in der unteren Vorstadt wieder in die Lauter eingeflossen. Ein Elektrowerk, die obere und die untere Mühle, eine Baumwollzwirnerei, genannt Damenfabrikle, und eine Lumpenreißerei – diese Betriebe sind damals mit der Wasserkraft des Mühlbachs betrieben worden.

Der Mühlbach war auch ein beliebter Tummelplatz für Badenixen. Zeitzeugen erzählen, dass das Wasser im Mühlbach schon von den Urgroßeltern zum Baden genützt worden ist. Vor allem in der

Erntezeit haben sie sich dort nach einem sommerheißen Tag erfrischt, natürlich Männlein und Weiblein streng getrennt. Damals machte sogar der Landjäger seine Runden, um die Geschlechtertrennung streng zu überwachen.

Allerdings ist auch sehr viel Unrat im Wasser gelandet, so dass es keine reine Freude war, im Bach zu baden. Viele Glasscherben, aber auch alte Fassreifen, ausgediente Drahtzäune und sonstiges altes Gerümpel wurde auf diese Weise entsorgt, wobei das Wort entsorgt noch nicht geläufig war. Damals »hot mer halt weggschmissa«, was nicht mehr gebraucht werden konnte. Die Betonung liegt hier bei »konnte«, denn das allermeiste ist wieder verwendet worden. Neues gab es fast nicht. »Nemme braucha könna« hat man zum Beispiel zerbrochenes Geschirr, einen »Milchhafen« oder Krug. Nicht selten ist man »en a Glasscherb neidabbet«. Dann färbte sich das Wasser rot, und der Badespaß endete mit Weinen und Jammern. Das Gerümpel im Bach, aber auch mancherlei Getier, das sich im Wasser tummelte, hat mich lange Zeit vom Baden im Mühlbach abgehalten, bis die Mutter Schwimmkissen aus alten Bettlaken genäht hat. Dank der selbst hergestellten Schwimmhilfen, die im nassen Zustand aufgeblasen und an einer Schnur um den Bauch gelegt werden mussten, habe ich mich dann ins Wasser gewagt, immer darauf bedacht, niemals mit dem Grund in Berührung zu kommen. Dank dieser Luftkissen lernte ich auch schon bald schwimmen.

Die kleinen Kinder, die noch nicht frei schwimmen konnten, hatten ihr Planschbecken in einem kleinen »Gumpen« unmittelbar unter der Brücke in der Lauter. Auch im heißesten Sommer, wenn das Wasser der Lauter fast ausgetrocknet war, hat sich in diesem »Gomba« das kühle Nass gestaut. Doch nun konnte ich ja schwimmen, und es war also unter meiner Würde, im Kinderbädle zu planschen. Mit meinem großen Bruder durfte ich jetzt auch zum »Schwimmer im Neckar« oder zum »Badeplatz beim Schwimmer« gehen. Ein Stück unterhalb der Ulrichsbrücke über den Neckar, auf Wendlinger Seite, haben zwei geschäftstüchtige Damen eine Art Strandbad mit Umkleidekabinen und Strandkörben geschaffen und unterhalten.

Auf der gegenüberliegenden Seite des Neckars, fast genau unter der Ulrichsbrücke, lagen Paddelboote im Wasser, die gemietet werden konnten. Ich erinnere mich, wie ich mit unserem Vater in ein solches Paddelboot steigen durfte und er weit ausholend die Paddel durchs Wasser zog, um seiner Tochter zu imponieren. Oder war es einfach auch für ihn eine Freude, wahrscheinlich zum ersten Mal in seinem noch jungen Leben, mit einem schmucken grünen Boot den Neckar hinaufzupaddeln?

Der Otto-Kanal, der unmittelbar nach der Ulrichsbrücke auf Wendlinger Seite abzweigte, und die gestauten Fluten des Neckars bei der Köngener Mühle waren Tummelplatz für die, die schwimmen konnten. Diese Stelle wurde deshalb kurz und einfach im Volksmund »Der Schwimmer« genannt. Unterhalb des großen Stauwehrs haben sich Nichtschwimmer getummelt. Es gab auch ein »Kinderbädle« im Wasser der Staustufen, die in geschlossenen Kammern als eine Art Überlaufrinne angelegt waren, und die sich wie eine Treppe über den Abhang zogen. Leider waren diese Kammern in der heißen Jahreszeit oftmals leer, weil kein Überlauf vorhanden war. Obwohl es gefährlich war, sich in diesen Überlaufbecken aufzuhalten, vergnügten sich dort häufig die Kinder.

Weil in den fünfziger Jahren immer mehr Schadstoffe in die Gewässer eingeleitet wurden, ist das Baden im Neckar aus Gesundheitsgründen verboten worden. Städtische Freibäder, obwohl im weiten Umkreis noch nicht vorhanden, waren im Kommen.

Volkssturm und Panzersperren – die Amerikaner kommen

Die Pfauhauserstraße erinnert heute nicht im Geringsten mehr an die ehemalige Schafgasse. Diese damals noch etwas enge Gasse führte direkt an unserem Haus vorbei. Sie wurde 1972 ausgebaut. Die alten Häuser, die dort einmal an der Stadtmauer lehnten, mussten einer breiten Prachtstraße weichen. Längst haben Kleintraktoren die Fuhrwerke mit vorgespannten Tieren abgelöst. Der Autoverkehr beanspruchte immer mehr Platz, so wurde die Schafgasse für die Autofahrer zur Rennstrecke und für die Anwohner zum Ärgernis.

Von der Schafgasse aus konnte unser Keller über einen zweiten Eingang erreicht werden. Es war im Frühjahr 1945. Wir nächtigten nun schon seit einiger Zeit mit noch drei Familien aus der Nachbarschaft im Keller. Über die Steinstufen von der Straße her sind immer wieder deutsche Soldaten, die auf dem Rückzug waren, heruntergestiegen. Es waren ausgelaugte, verdreckte Männer. Kein Vergleich mit heutigen Bundeswehrsoldaten! Statt Springerstiefel vom Feinsten hatten sie schwere Knobelbecher an ihren Füßen, die den müden Gang noch erbärmlicher erscheinen ließen, als er ohnehin schon war. Ihre Gesichter waren dunkel und hager, die Augen lagen tief in den Höhlen. Es war der ledernen Gesichtshaut anzusehen, dass sie schon viele Tage keine Seife mehr gespürt hat.

Die Nachbarn sorgten laufend für Malzkaffee oder Tee. In Krügen aus Steingut, die, um die Wärme zu halten, mit Stroh umwickelt waren, brachten die Frauen die Getränke. An einen jungen, schmächtigen Soldaten, bestimmt noch keine zwanzig Jahre alt, erinnere ich mich besonders gut. Er weinte. Von unserem Lehrer, einem fanatischen Parteigenossen, hörten wir immer wieder: »Ein deutscher Junge weint nicht.« Nun kauerte da in der dunklen Kellerecke dieser junge Mann, dem die Tränen über sein noch so junges, fast kindliches Gesicht rannen und helle Spuren auf den staubigen Wangen hinterließen. Er ist also kein Deutscher, so dachte ich in meiner kindlichen Unbefangenheit. Haben wir doch in der Schule gelernt, dass ein deutscher Junge nicht weint. Auch seine Aussprache war eine ganz andere als unser schwäbischer Dialekt.

Mit zitternden Fingern holte er eine braune, runde Blechdose aus seiner Jackentasche und reichte uns Kindern jedem ein kleines Stück Schokolade. Das war sein Dank für ein paar warme Pellkartoffeln und Milchkaffee. Das erste Stück

Schokolade, an das ich mich erinnere, bekam ich also in unserem dunklen Rübenkeller von einem jungen Soldaten. Dieses braune, bittere Etwas war keine rechte Gaumenfreude. Heute weiß ich, dass die Militärschokolade eine von der bittersten Sorte war.

Ohne Führung und kein Ziel vor Augen schlurften die Mitleid erregenden Gestalten nach kurzem Aufenthalt und einer kleinen Stärkung in unserem Keller wieder in die finstere Nacht hinaus.

Die Kriegsfront rückte in den folgenden Tagen immer näher. Häuser am Ortsrand wurden beschossen. Die Nachricht, dass eine Frau in Bodelshofen in ihrem Garten tödlich getroffen worden sei, hatte zur Folge, dass wir nun die schützenden Mauern des Kellers nicht mehr verlassen wollten. Die Angst vor dem Unbekannten beeinflusste jeden vernünftigen Gedankengang.

Auf einem Pferdewagen haben alte Männer dicke Baumstämme, wahrscheinlich vom Sägewerk Benner, über die Schafgasse gekarrt. Diese fast greisen Gestalten, die keinen Kriegsdienst mehr leisten und deshalb für den so genannten Volkssturm hinter der Front dienen mussten, sollten beim Friedhof und am Hohlweg Panzersperren errichten, um die herannahenden Ami-Panzer zu stoppen. Es ist jedoch nicht mehr dazu gekommen. »Weil die Amis schon in Wernau sind!« so verkündete die Nachbarin, die für uns Kinder frische Milch brachte. Der Zug der flüchtenden deutschen Soldaten, der am Haus vorüberzog, nahm kein Ende. Immer wieder waren ferne Schüsse zu hören.

Die großen unerschrockenen Buben aus der Nachbarschaft kamen in Abständen mit den neuesten Nachrichten zu uns in den Keller gestürmt. Sie berichteten zum Beispiel, dass die Ulrichsbrücke nach Köngen gesprengt worden sei. In ihrem noch fast kindlichen Übereifer verkündeten sie: »Wahrscheinlich wird die Lauterbrücke auch gesprengt!« »Über die Kirchheimer Straße rollen Panzer!« Jemand wollte einen »Schwarzen« gesehen haben!

Jetzt hielt es auch mich nicht mehr im Keller. Wir durften wieder in die Wohnung. In ihrer Unruhe hat meine Mutter im Küchenherd Feuer angemacht und einen großen Topf mit Kartoffeln aufgesetzt, in der Annahme, dass die Amis vielleicht versöhnlicher wären, wenn sie etwas zu essen anbieten könnte.

Plötzlich dröhnte Stimmengewirr von der Straße her, und wir stürzten ans Fenster. Aus einer alten Scheune in der Schwenkgasse traten drei deutsche Soldaten. Eine Nachbarin hatte ihnen ein großes weißes Tuch an einen Stock geknüpft und so sind sie in Richtung Lauterbrücke geschlurft. Motorengeräusch näherte sich in Richtung »Gasthaus zur Sonne«. Plötzlich erschien bei der Mühlenrampe ein Monstrum von einem Fahrzeug. Im Schutz dieses Monstrums stürzte nun ein junger Ami mit seinem Gewehr im Anschlag auf die deutschen Soldaten zu und führte sie ab.

Fremde Sprachfetzen, mit denen ich nichts anzufangen wusste, drangen zu uns herauf. Die Mutter wollte noch schnell die Fensterläden schließen, doch die Neugierde war stärker als die Angst. So schauten wir im Schutz der angelehnten Läden dem Treiben auf der Straße zu. Weil trotz des Lastkraftwagens und der mit Gewehren bewaffneten jungen Amis keine besondere Gefahr zu erwarten schien, haben wir die Fensterläden wieder geöffnet.

Während das Ungetüm nun weiter vorwärts kroch zur Schafgasse in Richtung Friedhof, donnerten mehrere solcher Lastwagen heran und postierten sich auf dem Platz bei der »Sonne«. Die fremden Fahrzeuge spuckten viele junge Soldaten aus. »Das sollen Soldaten sein?« dachte ich noch geschwind. Es waren junge Burschen in leichter, fast schicker Kleidung. »Ist dies eigentlich eine Soldatenuniform?« so überlegte ich weiter. Sie trugen einen Helm auf dem Kopf, der so ganz anders aussah als der unförmige Kübel der deutschen Landser. Diese jungen, sportlich trainierten Amisoldaten behinderte weder eine umgehängte Gasmaske, die das Markenzeichen der deutschen Soldaten war, noch ein langer unbequemer Mantel.

Jetzt haben wir die Fensterläden endgültig wieder hinter die Riegel geklemmt, und die Sicht war frei auf das Treiben dort unten. Eine Nachbarin stand ängstlich unter ihrer Haustüre, und weil keine besondere Gefahr drohte, lief sie auf die Straße. Bald sind auch die mutigen Buben aus ihren Verstecken hinter dem Güllefass oder dem »Mistemäuerle« hervorgekrochen und haben, mit Blick auf die rettende Haustüre, das Geschehen verfolgt. Im Keller kauerte immer noch Karoline, eine ängstliche Frau aus der Nachbarschaft, die krampfhaft ihre Taschen festhielt und sich weigerte, auch nur einen Schritt über die Kellertreppe ins Freie zu gehen. Die Nachbarinnen holten nun ihre kleinen Kinder aus dem dunklen Verlies, das in vielen Nächten und zuletzt auch Tagen unser Zuhause gewesen war. Es gelang ihnen auch, die Karoline zu bewegen, den Keller endgültig zu verlassen.

Nicht gerade ängstlich, aber doch vorsichtig hielt ich am Fenster aus. Auf die »Gass« gehen wollte ich noch nicht, obwohl sich immer mehr Kinder und Jugendliche, auch Frauen, trauten und auf die Amis zugingen. Eine Nachbarin, die Englisch konnte, wurde von den Amis als Übersetzerin beordert. Ich hatte Angst um sie, die jetzt natürlich in aller Munde und eine Art Heldin war.

Endlich traute ich mich auch auf die Straße und hüpfte wie immer über die Laderampe bei der Mühle in Richtung »Adolf-Hitler-Platz«. Dass dieser Platz bei der Lauterbrücke bald nicht mehr so genannt werden durfte, wollte mir, dem zehnjährigen Mädchen, ganz und gar nicht einleuchten. Erst allmählich ist aus den Gesprächen der Erwachsenen die neue Wirklichkeit in meinem Denken und Fühlen entstanden.

Ich trippelte also an diesem 22. April 1945 in den Nachmittagsstunden in Richtung des Hauptgeschehens. Die Straßen- und Platzschilder, mit dem Namen des verhängnisvollen, des allmächtigen Führers versehen, waren nicht mehr an ihren angestammten Plätzen an den Häuserwänden zu sehen. Verbogen und verbeult lag ein solch blaues Schild auf dem Misthaufen. An der Wand der Mühlenscheuer, die auf dem Platz der heutigen Volksbank gestanden hat, war ein großer, weißer Fleck zu sehen. Dort befand sich noch vor wenigen Tagen das Mitteilungskästle der Hitlerjugend, das jetzt ebenfalls verschwunden war.

In dem Haufen unbeschwerter, neugieriger Kinder, die sich um einen Militärlastwagen der Amis drängelten, entdeckte ich meine Freundin. Sie hielt mir lachend ein buntes Papierchen unter die Nase. Kauend erklärte sie mir: »Des ist en Kaugummi!« Aus dem bunten Päckchen schälte sie einen Pappstreifen heraus und meinte: »Do – des därfscht aber et schlucka, en Kaugummi muss mer langsam kaua!« Weiß der Himmel, woher sie diese Weisheit hatte. Da stand ich nun und kaute auf der »Pappe« herum. Frage niemand, was ich dabei empfunden habe. Jedenfalls war es eine große Enttäuschung, als nach kurzer Zeit der süße Geschmack aufgebraucht war, und tatsächlich nur noch ein kleines Klümpchen Gummi übrig geblieben ist.

Was nun meine Aufmerksamkeit fesselte, war etwas ganz anderes. Ein großes Kastenweißbrot wurde vom Wagen heruntergereicht. Ein etwas größerer Junge griff danach und rannte nach Hause, so schnell, als ob der Leibhaftige hinter ihm her wäre. Weißbrot! Menschenskinder, so ein schöner Laib Weißbrot! Ich dachte an meine Schnitte graues Kleiebrot, die wir Geschwister heute Abend, wie an jedem Tag, zum Vesper zugeteilt bekommen würden. Eilig rannte ich nach Hause, um dort von Kaugummi und Weißbrot zu erzählen. Jedoch fanden meine Worte kein Gehör, denn unsere Mutter und die Nachbarin waren damit beschäftigt, Adolf Hitlers »Mein Kampf« in einem Rupfensack zu verschnüren, um dann das Bündel im Kamin zu verstecken. Wohin die Schriften gelangt sind, als im Herbst wieder geheizt worden ist, ist mir heute nicht mehr bewusst.

So habe ich als Mädchen von zehn Jahren das Kriegsende erlebt. Nein, dies war noch nicht das

Ende eines Krieges, der Deutschland in zwei Teile trennte, und wovon auch jetzt noch, fünfundfünfzig Jahre danach, Spuren vorhanden sind. Was kümmerten mich damals der nicht mehr bestehende Kriegszustand oder der noch nicht zustande gekommene Friedensvertrag! Es zählte einzig und allein, dass keine Sirenen mehr heulten, und nicht mehr im feuchten Keller genächtigt werden musste. Am Abend wurden keine abgedunkelten Fensterläden mehr geschlossen. Laternen erleuchteten die nächtlichen Straßen, wenn auch nur mit einem mickrigen Lichtstrahl. Das war etwas Neues und Ungewohntes. Worte wie Fliegeralarm oder Luftangriff, Brandbomben, Panzerfaust, Volkssturm und Hitlerjugend verblassten immer mehr. Sie machten anderen Begriffen Platz, wie zum Beispiel: Ausgangssperre und Schwarzmarkt, Erdnussbutter und Carepaket. Erste noch holprige englische Sprachfetzen gehörten bald zum Alltag.

Der Rundfunk tat in den kommenden Wochen und Monaten ein Übriges. Bisher hatten wir immer nur marktschreierische Berichte von der Front gehört, mit denen ich sowieso nichts anzufangen wusste. Nun wurde der Radioapparat mein liebster Freund. Eine völlig andere Welt stellte sich dar. Kindersendungen, nicht zackig militärisch aufgebaut, sondern kindgerecht und gefühlvoll inszeniert, wurden zu einer lieben Selbstverständlichkeit. Witzige Hörspiele und besinnlich-melodische Klänge kamen nun aus dem Kasten. Kein Krieg und Sieg wurde uns mehr eingetrichtert.

Plötzlich gab es (wieder) einen Johann Strauß, es gab Walzer, es gab einen Matthias Claudius und es gab »Des Knaben Wunderhorn«, Paul Gerhardt und viele andere Namen, an die es sich zu gewöhnen galt. Goethe, Schiller und Mörike waren kein Thema für uns Kinder des Krieges. In den Schulfunksendungen, die es bis dato nicht in dieser Form gegeben hatte, wurde vom Verhalten der Kolkraben gesprochen, vom Schwarzwald und von der Baar. Von einem Polarforscher und Friedensnobelpreisträger Fridtjof Nansen wurde ebenfalls erzählt. Wenn auch in der Sendung Sturm und Wind nachvollziehbar und der Forscher akustisch verständlich war, so konnte ich damals mit einem »Friedensnobelpreisträger« wenig anfangen.

Jedenfalls war es für mich eine völlig neue Welt, die es wert war, dass ich sie kennen lernte. So ist der braune Kasten mein bester Freund geworden. Noch eine Erfahrung musste ich in meinen jungen Jahren machen, nämlich, dass die Welt sehr viel größer sein musste, als sie in meinen kühnsten Träumen vorhanden war.

Viele Stunden am Tag wurden Suchnachrichten vom Roten Kreuz gesendet. Kinder, Väter und Mütter vermissten und suchten ihre Angehörigen, die in den Wirren des Krieges und danach auseinander gerissen worden sind. Wie anders war dies möglich als über den Rundfunk – Namen und Adressen sind über den Äther geschickt worden. Über Wochen und Monate, ja über Jahre, jeden Tag immer wieder Ostfront – Ostpreußen. Du liebe Güte, wo war Ostpreußen? Flüchtlinge, Vertriebene, dies alles waren völlig neue Eindrücke. Wo waren diese vielen Leute und Kinder geblieben, die einander suchten? Alles schien so unwirklich, so unvorstellbar! Dieser Knäuel der Unordnung und des Wirrwarrs einer konfusen Zeit löste sich nur allmählich, wenn überhaupt. So viele Familienschicksale sind bis auf den heutigen Tag, mehr als ein halbes Jahrhundert danach, nicht völlig geklärt.

Schwarzmarkt, Hamstertouren und Puppenkleidchen aus Krawatten

War die Not in allen Lebenslagen schon zur Kriegszeit groß, so war die Versorgung mit dem Notwendigsten, ob Nahrungsmittel, Kleidung oder Gebrauchsgegenstände, bei Kriegsende fast nicht mehr gewährleistet. Alles, was irgendwie zu entbehren war, ist verscherbelt worden.

Bisher durfte ich mit meinen Freundinnen auf dem großen Dachboden in unserem Haus spielen, das heißt, weniger spielen als in alten Klamotten wühlen. Modenschauen mit Omas einstmaligem Sonntagskleid und Großvaters Hochzeitsfrack, mit altmodischen Strohhüten, einer Gardine und mit Opas elegantem Spazierstock wurden veranstaltet. Es fanden sich sogar noch Damenschuhe mit hohen Absätzen und einer schicken Spange (Stöckelschuhe waren noch kein Begriff). Es war die reine Freude, auf unserer Bühne zu stöbern. Doch ab nun war das Kinderparadies dort oben unter dem Dach für uns Kinder tabu.

Die alten Kleidungsstücke wurden vorsichtig aufgetrennt, und die einzelnen Stoffbahnen sind gewaschen worden. Mit diesen Schätzen ist nun unsere Mutter auf die Alb hamstern gegangen. Kartoffeln waren der Lohn für das mühselige Auftrennen, Waschen und Bügeln der Stoffteile. Es können nicht viele gewesen sein, denn sie schleppte den Sack auf dem Rücken vom Bahnhof nach Hause. Doch nun war erst einmal wieder Vorrat im Haus. Er hat nicht sehr lange gehalten, weil täglich ein großer Topf davon gesotten worden ist. »Kartoffeln in der Schale« waren die einzige warme Mahlzeit am Tag.

Ebenso war noch ein Karton voll bunter, abgelegter Krawatten, so genannter »Selbstbinder« vorhanden. Diese bunten Dinger sind in den zwanziger Jahren nach dem Ersten Weltkrieg in Mode gekommen. Unser Vater hat sie einmal von seinem Chef bekommen. Es war jedoch nicht daran zu denken, als gewöhnlicher Arbeiter die mit zum Teil recht gewagten Farbmustern versehenen Selbstbinder spazieren zu führen. Die Anlässe, die damals gegeben waren, um eine Krawatte zu tragen, hielten sich in Grenzen. Zu Familienfeiern und -besuchen oder beim sonntäglichen Spaziergang trugen unsere Väter auf dem Land dezente Binder mit gedeckten Farben zum hellen Hemd und dunklen Anzug. Aus den bunten Krawatten schneiderte Mutter Puppenkleider und neue Bezüge für die kleinen Sessel und Stühle in unserer Puppenstube. Auch hat sie solche selbst geschneiderten oder gehäkelten Puppensachen auf ihre Hamstertouren mitgenommen, sehr zu unserem Leidwesen.

An dunklen Winterabenden war sie stets damit beschäftigt, zerbrochenes Spielzeug aus der Weihnachtskiste zu reparieren. Neben Schneidern und Stricken hat sie auch für ihre Buben gehämmert und gesägt. So kann ich mich erinnern, dass an einem Weihnachtsmorgen ein dunkelbraunes Schaukelpferd unter dem Christbaum stand. Auch ist mir noch genau in Erinnerung, wie mir dieses dunkle Ding missfallen hat. Neben dem Wiegagaul, wie der Bruder meiner Freundin einen hatte, mit einem schwarzen Ledersattel und silbernen Beschlägen, sah unser Gaul recht doof aus. Der Apfelschimmel vom Bruder meiner Freundin hatte knallrote Lippen und schwarze Augen. Auch hatte er einen richtigen Schweif, den wir Mädchen zu einem Zopf geflochten und mit einer roten Schleife verziert haben. Die geraden Stelzen von unserem Gaul waren nicht vergleichbar mit den schön geschwungenen Beinen von dem Apfelschimmel in der Wohnstube meiner Freundin. Und dann diese grässliche dunkelbraune Farbe, mit der ein Reitsattel an dem Gaul nur spärlich angedeutet war! Doch ich musste ja nicht damit spielen.

Eines Nachts stand Mutter am Fenster. Die Sorge um das tägliche Brot und warme Kleidung für ihre

Kinder in der beginnenden kalten Jahreszeit ließen sie nicht zur Ruhe kommen. Als in der Dunkelheit über die Laderampe der Mühle vorsichtig und fast geräuschlos ein Handwagen gezogen wurde, ist sie hellhörig geworden. Das Gefährt ist in der großen Türe zur Mühle, die eilig geöffnet worden ist, verschwunden. Hinter den verstaubten Fenstern hüpfte der schwache Lichtschein einer Taschenlampe. Schatten huschten dahinter vorbei. Ein geheimnisvolles Etwas gab ihr die Kraft, in aller Eile ein Mehlsäckle aus dem Küchenschrank zu holen. Aufgeregt tastete sie sich die Stiege hinunter und begehrte durch Klopfen an die Mühlentüre Einlass. Dies war ein gefährliches Unterfangen, weil von der Besatzungsmacht strengste Ausgangssperre in der Nacht angeordnet war und Verstöße dagegen mit Gefängnis bestraft worden sind. Somit saßen sie alle im gleichen Boot.

Ein Sack voll mit dunklem Brotmehl war der Lohn der Angst in dieser Nacht. Mutter hat uns nie erzählt, womit und von wem dort unten in der Mühle des Nachts gemauschelt worden ist. Alles geschah »in der Stille der Nacht«, im wahrsten Sinne des Wortes, denn nur eine schwache Funzel auf beiden Seiten der Lauterbrücke spendete etwas Licht. Oben am Berg, zwischen dem Gasthaus Ochsen und dem Pfarrhaus, blinzelte ebenfalls ein Lichtlein durch die Zweige der Bäume und Sträucher.

Hurra, ein Carepaket!

Die Winter waren sehr streng und kalt. Alles, was nur im Ofen brannte, ist verfeuert worden. Die Zuteilung an Kohlen und Brennholz war knapp bemessen und reichte bei weitem nicht aus um zu kochen und zu heizen. Das Feuer im Ofen ist über Stunden hinweg mit einem Brikett angehalten worden. Auf den Fenstersims ist eine zusammengerollte Wolldecke gelegt worden, die vor Zugluft schützen sollte. Vor der Stubentüre, die direkt in das Treppenhaus führte, das bis zur Haustür und bis zur Bühnentreppe offen, kalt und zugig war, lag eine weitere zusammengerollte Decke. Bei jedem Ein- und Austritt musste sie wieder zurechtgerückt werden.

An einem kalten Wintermorgen hat der Amtsdiener vom Rathaus einen Berechtigungsschein für ein Carepaket gebracht, das im Rathaus abgeholt werden konnte. CARE ist die Abkürzung für »Cooperative for American Remittances to Europe«. Das war ein Zusammenschluss von 25 amerikanischen Wohltätigkeits-Organisationen, die nach dem Zweiten Weltkrieg diese Carepakete, gefüllt mit Lebensmitteln und Kleidern, nach Europa, später auch in andere Gebiete sandten.

Es war ein großes Carepaket damals, das mit dem Handwägele auf dem Rathaus abgeholt worden ist. Voller Erwartung standen wir Kinder um den Küchentisch herum, als der Karton aufgeschnitten wurde. Ja, aufgeschnitten, auch dieses war völlig neu. Die Feldpostpakete für unsere Soldaten im Krieg sind allesamt mit einer Schnur verknotet gewesen. Was Wunder, dass nun dieser, mit breiten Klebebändern versehene gelbe, stabile Karton uns wie von einem anderen Stern kommend erschien.

Noch mehr erstaunt waren wir über den Inhalt: Erdnussbutter!? Noch nie hatten wir etwas von Erdnussbutter oder Erdnüssen gehört. Es kam noch besser: Trockenkartoffeln!? Das waren in kleine Stückchen geschnittene und getrocknete Kartoffeln. Wir kannten allenfalls getrocknete Äpfel und Birnenschnitze, Hutzeln und Dörrpflaumen. Was fängt man mit Trockenkartoffeln an? Nicht nur das, es fand sich auch noch eine Tüte Milchpulver. Gedörrte Kartoffeln und trockene Milch, die Welt schien uns damals voller Wunder. Mit der Gebrauchsanweisung auf der Verpackung konnten wir nichts anfangen. Außer »yes« konnte niemand von uns auch nur ein Wort englisch sprechen, geschweige denn lesen. Also sind die kleinen gelben Stücke, die Kartoffeln sein sollten, für alle Fälle einmal im Wasser weich gekocht worden. Auf der Tüte mit dem hellen Pulver stand

»Milk« geschrieben, also konnte dies nur Trockenmilch sein. Das Kartoffelpüree, das aus den amerikanischen Trockenerzeugnissen gezaubert worden ist, schmeckte gut; vor allem füllte es den Magen, die Mägen von fünf Kriegskindern.

Es muss im Spätsommer 1946 gewesen sein, als wir an einem frühen Morgen losgezogen sind, mit einer Axt, einem Pickel und einer Schaufel auf dem Handwagen. Es ging in Richtung Wald. Die Mutter erzählte unterwegs, dass wir »Stumpen graben« müssten. Stumpen graben? Ich hatte keine Ahnung, was da auf mich zukommen würde. Nein, nicht auf mich! Mutter war es, die sich an einem uns per Berechtigungsschein zugeteilten riesigen Baumstumpf, der über und über mit Moos bewachsen war, zu schaffen machte. Mit Pickel und Schaufel grub sie die weit verzweigten Wurzeln frei. Sie hantierte wie ein professioneller Waldarbeiter, als ob sie niemals etwas anderes gemacht hätte.

Am Abend schleppten wir uns müde über den Speckerweg nach Hause. Beim Albvereinsbrünnele legten wir eine kurze Rast ein, um uns zu »laben« – wie schon so oft bei Spaziergängen oder bei Arbeiten auf dem Feld. Das Albvereinsbrünnele war eine gefasste Wasserquelle etwas unterhalb des heutigen Freibades. Dieses Brünnele ist eine schöne Erinnerung an ferne Kindertage. Wenn mich mein Weg heute einmal über die Speck führt, schließe ich die Augen. Dann höre ich deutlich die Zweige der großen Weidenbäume rauschen, die damals das Brünnele einrahmten, sehe ich die Schrift, die mit goldenen Buchstaben in den Stein über der Wasserquelle gemeißelt war, und lese in Gedanken den Spruch, der zu einem Teil meiner Kindheit gehört:

W a n d e r e r,
willst du dich laben, raste hier,
ziehest du weiter, Gott mit dir!

Der nächste Tag glich in etwa dem Vorhergehenden. Der Graben um den Baumstumpf herum wurde immer umfangreicher und tiefer. Jetzt konnte das dünnere Baumwurzelgeäst abgehackt werden. Es ist auf den Wagen geladen worden, doch die Hauptarbeit stand noch bevor. Der dicke Teil der Wurzel sollte gespalten werden. Eigentlich wäre dies die Arbeit eines erfahrenen, kräftigen Waldarbeiters gewesen. Erschöpft schaute die Mutter in die Runde. Der Abend dämmerte schon, letzte Sonnenstrahlen drangen durch das Geäst der Bäume.

In einiger Entfernung waren ebenfalls Frauen mit Stumpengraben beschäftigt. Weil nun auch Kinderstimmen laut wurden, machte ich mich auf den Weg dorthin. Erst jetzt bemerkte ich, dass zu der Gruppe auch ein älterer Mann gehörte, und dass mehrere Stumpen freigelegt waren. Eifrig erzählte ich, dass meine Mutter ganz alleine graben müsse, und dass sie sehr müde sei. Der Mann ging mit mir zurück und verhandelte mit der Mutter. Das Gespräch drehte sich um Sprengung und Fleischmarken; jedenfalls konnte am nächsten Tag die Baumwurzel, in große Stücke gesprengt, heimgekarrt werden.

War der Sonntagsbraten sowieso nie üppig gewesen, so gab es an den folgenden zwei Sonntagen nur eine einfache braune Zwiebelsoße. Für die Sprengung des Baumstumpfes im Wald sind unsere Fleischmarken für zwei Wochen draufgegangen. Ein großer Stapel harten Brennholzes war der Lohn für diese vegetarischen Wochen.

Wie wichtig es war, auf diese sowieso seltene Schlemmerei zu verzichten, bekamen wir im darauf folgenden Winter zu spüren. Am Abend, der einem frostigen Tag folgte, ist mir dies besonders bewusst geworden. Den Nachmittag habe ich auf der Rodelbahn, das heißt beim Schlittenfahren am »Ochsabuckel«, der direkt an unserem Haus vorbeiführte, zugebracht. Es dämmerte schon, als ich meinen Schlitten neben der Haustüre abstellte. Erst jetzt bemerkte ich, dass meine Hände in den hart gefrorenen Handschuhen schmerzten und die Zehen in den durchnässten Schnürstiefeln nicht minder bizzelten. Im kalten Treppenhaus schälte ich mich aus dem Wollmantel, der um den Saum herum steif gefroren war. Kuschelig wärmende Daunenanoraks kannten wir Kinder damals noch nicht. Der klitschnasse Mantel wurde über das Treppengeländer gehängt, wo schon die nassen Kleider meiner Geschwister zum Abtropfen hingen.

Die Schuhe durften wir mit in die Wohnstube nehmen. Um den Ofen herum war Zeitungspapier ausgebreitet; darauf standen fünf Paar durchnässte Stiefel, die am nächsten Morgen für den Schulweg wieder gebraucht wurden. Über dem Ofen war eine Wäscheleine gespannt. Dort waren Strümpfe, Handschuhe, Mützen und Schals von fünf Kindern mit Holzklammern zum Trocknen aufgehängt. Tauwasser tröpfelte mit leisem Klick-Klack auf die darunter liegenden Zeitungsblätter. Im Ofen brannte ein dicker Brocken von dem Baumstumpf, der uns so viel Mühe bereitet und unsere Fleischzuteilung von zwei Wochen gekostet hatte.

An einem kalten Wintermorgen saß ich am Fenster und sah dem Treiben beim Ochsabuckel zu. Wahrscheinlich war schulfrei, was des Öfteren vorgekommen ist, um Heizmaterial zu sparen. Liebend gerne wäre ich bei den rodelnden Kindern gewesen. Doch ich hatte nur einen Mantel, eine Trainingshose und auch nur ein Paar Stiefel, und weil die Sachen dringend geschont werden mussten, blieb halt der Nachmittag für dieses einzige Vergnügen.

Es kam nur ganz selten ein Auto über die verschneiten Straßen. Ebenso selten zuckelte ein Pferdefuhrwerk, mit Kohlen und Briketts beladen, durch die weiße Pracht. Ein alter Mann schaufelte in seiner Hofeinfahrt den in der Nacht frisch gefallenen Schnee in einen großen Handwagen und karrte ihn über die Straße zur Lauter. Es war eine schwere und auch gefährliche Arbeit, weil die rodelnden Kinder kaum Rücksicht auf den Alten nahmen. Frauen mit Einkaufstaschen tasteten sich vorsichtig durch den Schnee. An den Seiten der Straße war von den Anwohnern am frühen Morgen ein schmaler Pfad mit der Asche aus dem Herd gestreut worden. So auch am Ochsabuckel, dem Verbindungsweg zwischen Pfauhauserstraße und Städtle.

Eine Bauersfrau trippelte langsam und schwerfällig auf der gestreuten Spur entlang. Ihr langer Rock streifte fast den Boden. Um ihre Schultern war ein warmer Umhang geknüpft. Auf dem Tuch, das um ihren Kopf gebunden war, lag ein gepolsterter Stoffring, ein so genannter Bäuschtel, mit dem die Bauersfrauen damals schwere Lasten auf dem Kopf getragen haben. Mit Hilfe eines solchen Bäuschtels trug die Frau ein Bachkörble, in dem sie einen Teigling zum Bäcker balancierte, um daraus einen Laib Brot backen zu lassen. Unter dem rechten Arm trug sie ein zweites Bachkörble; an der linken Hand hing eine schwarze Einkaufstasche.

Bei der Mühle wollte sie die Straße zum Bäcker überqueren, doch es war aussichtslos, auf die gegenüberliegende Straßenseite zu gelangen. »Bah' frei! Baaah' frei!« Mit diesen Warnrufen schoss die Jugend auf ihren Schlitten vorüber, bis ein beherzter Bub mitten auf die Rodelbahn gesprungen ist und lauthals rief: »A Auto – a Auuuto kommt, haaalt, a Auto kommt!« Nur so konnte die wilde Horde aufgehalten werden. Tatsächlich gehorchten alle dem Ruf des beherzten Jungen und hielten in ihrem Treiben inne. So konnte die Frau mit ihren zwei Bachkörble über die Straße zum Bäcker gehen.

Im Sommer 1945, kurz nach Kriegsende, haben wir mit der Jungschar eine Wanderung zur Grabkapelle auf dem Württemberg gemacht. Mit einer Betreuerin sind wir am frühen Morgen losmarschiert. Als Wegzehrung waren ein Schraubglas mit Grießbrei und ein weiteres Gläschen mit eingezuckerten Johannisbeeren dick in Zeitungspapier eingepackt. Kunststoffbehälter gab es noch nicht. Ein blauer Emaillebecher, um an einer Quelle trinken zu können, und zwei Reichsmark für einen eventuellen Sprudelkauf vervollständigten die Wanderausrüstung.

Eine arge Enttäuschung war, dass es nirgendwo ein Getränk zu kaufen gab. Ein Wirt in Esslingen konnte nur Most und Bier anbieten. Die Betreuerin war entsetzt, als wir Mädchen, gerade mal zehn

Jahre alt, dort Most trinken wollten. Sie drängte weiter zur nächsten Quelle im Wald. So hatten wir doch tatsächlich am späten Nachmittag unser Taschengeld noch im Beutel. Außer den 60 Pfennigen für den Eintritt hatten wir kein Geld ausgeben können. Als wir auf dem Heimweg in Wernau am Bahnhof angekommen sind, flatterte doch da tatsächlich – o Wunder – ganz bescheiden ein Eisfähnele an der Hausmauer. Mit zwei Eiskugeln in einer Waffeltüte haben wir die letzte Etappe an der Bahnlinie entlang über den Feldweg geschafft und sind noch vor der Ausgangssperre wieder zu Hause angelangt, etwas müde zwar, aber sehr glücklich über den Wandertag. Somit ist auch die Enttäuschung über die Auflösung der Jungmädelschar beim BDM allmählich verblasst.

Als irgendwann im Spätsommer 1945 die Schule wieder begonnen hatte, fing eine neue, ganz und gar andere Zeit an. Die alten Lehrer sind in Pension gegangen, und die nationalsozialistischen Lehrpläne, die auch oft gegen die Überzeugung der damaligen Lehrer eingehalten werden mussten, hatten keine Bedeutung mehr.

Zwei junge heimatvertriebene Lehrer haben in der Lauterschule die oberen Klassen übernommen. Heute, da diese Zeilen geschrieben werden, habe ich den Eindruck, dass nach dem Chaos des Krieges nicht nach Lehrplänen unterrichtet worden ist. Jedenfalls erinnere ich mich noch genau, dass wir über Monate hinweg Prozentrechnen paukten, bis die Rechenaufgaben zuletzt im Schlaf erledigt werden konnten.

An einem frühen Morgen stellte unser Klassenlehrer, Herr Mayer, einen Stuhl auf das Lehrerpult; den sollten wir zeichnen. Nach vielen Jahren, als ich einmal beim Stöbern in alten Sachen auf die Zeichnung mit dem Stuhl gestoßen bin, sind Erinnerungen geweckt worden an eine Zeit, in der wir elfjährigen Schulkinder »die neue weite Welt« entdecken und begreifen lernen wollten. Stattdessen mussten wir uns mit dem Zeichnen eines alten Stuhles und seiner geschwungenen Rückenlehne abmühen.

Die große Pause dauerte eine Viertelstunde. Sie war der Ausgleich für die noch nicht im Stundenplan aufgenommenen Turnstunden, die es übrigens bei unserer Schulentlassung 1949 immer noch nicht gab. Der Platz bei der Lauterschule gehörte in den großen Pausen den Schulkindern. Ganz selten fuhr einmal ein Auto über die Kreuzung.

Der Einfallsreichtum bei den kindlichen Spielen kannte keine Grenzen. Beliebt war das Lauterfange. Bei Niedrigwasser hieß es, von Stein zu Stein hüpfen, um nicht gefangen zu werden. Immer wieder gab es nasse Schuhe und Strümpfe und dementsprechend Ärger daheim, weil wir doch nur ein Paar Schuhe hatten, mit denen pfleglich umgegangen werden sollte. Doch was scherten uns das Schuhwerk oder die saubere Schürze, wenn es darum ging, den Verfolger abzuhängen.

Das Pausenbrot war nicht so sehr üppig, es bestand oftmals aus nur einem Apfel. Wenn unsere Mutter einmal der Meinung war, dass ihre Kinder eine Belohnung verdient hätten, weil wir Brennholz gespalten und akkurat aufgeschichtet oder bei der großen Wäsche geholfen haben, dann bekamen wir ein 50 g Weißbrotmärkle von der Lebensmittelkarte abgeschnitten. Dafür durften wir in der großen Pause eine Brezel kaufen.

Dieses Trösterle erfüllte auch bei Ungerechtigkeiten, die wir einstecken mussten, seinen Zweck, wenn zum Beispiel manche Erwachsene in unserer Umgebung glaubten, ihren Ärger und ihre Verbitterung in abfälligen Bemerkungen uns Kindern gegenüber abbauen zu müssen. In fünf Bäckereien auf dem Weg zur Lauterschule in der Ortsmitte konnten wir damals die Brezel, die »das Schokolädle« für besondere Fälle war, kaufen.

Fahrt ins Schullandheim

Im Juli 1946 stand eine Freizeit mit der Jungschar an, das hieß eine Woche Ferienaufenthalt im Schullandheim Hepsisau. War der Ausflug im letzten Jahr auf den Württemberg noch mit einem nicht enden wollenden Fußmarsch verbunden, so hatten wir jetzt ein Auto zur Verfügung. Ja, ein Lastwagen mit Holzvergaser hat uns Kinder auf der Ladefläche nach Hepsisau gekarrt. Heute wäre dies undenkbar! Mit den strengsten Ermahnungen des Chauffeurs: »Sitza bleiba ond et aufschtanda während der Fahrt!« haben wir uns auf zusammengerollte Wolldecken auf der Ladefläche gesetzt.

Auf halber Strecke ist das Feuer in dem großen Holzkohlekessel, der hinter dem Führerhaus seinen Platz hatte, gefüttert worden. Allein dies war ein seltenes, ein aufregendes Erlebnis.

Die Aktivitäten sowie der ganze Rahmen dieser Freizeit ähnelte dem, was meine größeren Geschwister und andere von der Nazi-Jugendbewegung erzählt haben. Frühsport, Nachtwanderungen und Rasenspiele jeglicher Art sowie stimmungsvolle Abende am Lagerfeuer unter nächtlichem Himmel bei fröhlichen Gesängen und

Theater- oder Liederabende im Aufenthaltsraum – es gab alles! Und es gehörten ebenfalls die gruseligen Geschichten und Geistererscheinungen am nahe liegenden Waldrand sowie die nächtliche Geisterstunde mit Kettengerassel unterm Dach dazu. Die wichtigste Erkenntnis in meinem damals noch jungen Leben war jedoch die Tatsache, dass nicht ketzerische laute Reden und zackige Massenaufmärsche, von markerschütternder Marschmusik begleitet, »die Welt« ausmachten.

Da war plötzlich etwas, viel schöner und geheimnisvoller, leiser, menschlicher, näher. Kurzum, man konnte im stillen Gebet seine eigenen Worte benutzen und musste nicht vorgeschriebene Parolen leiern, um anerkannt und beliebt zu sein.

Tisch- und Nachtgebete sind zur liebenswerten Selbstverständlichkeit geworden. Leider sind in späteren Zeiten wegen der aufkommenden Hektik, der ewigen Eile und Schnelligkeit die stillen Gebete wieder in den Hintergrund geraten. Die wegen Schichtarbeit und Gleitzeit nicht mehr möglichen gemeinsamen gemütlichen Mahlzeiten am Familientisch, das eilig eingenommene Kantinenessen und vor allem die vielen Termine über den ganzen Tag verteilt ließen Besinnlichkeit nicht mehr zu. Die Selbstverständlichkeit, mit der plötzlich alles möglich war, wenn nur recht fleißig und viel gearbeitet worden ist, taten ein Übriges, um die stille Einkehr nicht mehr so wichtig erscheinen zu lassen. Wie wichtig diese innere Ruhe jedoch für ein zufriedenes Dasein ist, wurde erst viel später wieder erkannt.

Es galt nicht nur, kalte und lange andauernde »Eiszeiten« zu überstehen. Heiße schöne Sommertage waren der Ausgleich zu der bitterkalten Winterzeit. Gewiss gibt es auch heute sehr kalte und auch sehr heiße Jahreszeiten. Doch angesichts dessen, dass die Häuser schon bei geringsten Kältegraden vom Keller bis unters Dach beheizt werden können, wird der Winter heute nicht mehr als »Eiszeit« empfunden.

Ab dem zeitigen Frühjahr zogen wieder Fuhrwerke über die Schafgasse an unserem Haus vorbei auf die Felder. Frauen mit geschulterten Harken liefen zwischen Frühstück und Mittagessen auf ihre Äcker, um Kartoffelstöcke anzuhäufeln oder Bohnen zu stecken oder… oder… Oftmals haben die Frauen einen Handwagen hinter sich hergezogen, in dem ein Kleinkind geschlafen hat, das einfach aufs Feld mitgenommen wurde. Wenn die Glocken der Eusebiuskirche weithin über die Felder mit dem Elf-Uhr-Läuten den nahenden Mittag ankündigten, eilten sie wieder heimwärts, um für ihre Familien das Mittagessen zu bereiten.

Der Tagesablauf richtete sich weitgehend nach Frühstück (meist Eingebrocktes in Milchkaffee), Mittagessen und abendlichem Vesper. Die Hausfrau war noch Hausfrau im wahrsten Sinne des Wortes. Ihr Tageswerk war das einer voll berufsfähigen Frau, ihr Arbeitsplatz Haus und Hof. Neben der Arbeit in Waschküche, Stall, Scheune, Garten und Feld sorgte sie in der Küche dafür, dass die Mahlzeiten pünktlich auf den Tisch kamen. Ihr Einfallsreichtum war schier unerschöpflich. Sie hatte wenig Geld, und alleine damit war auch nichts zu bekommen. Das änderte sich erst von einem Tag zum anderen mit der Währungsreform 1948.

Überhaupt war die Küche das Reich der Hausfrau und Mutter, denn sie sorgte für Behaglichkeit. Rund um den Küchentisch war immer etwas los und das nicht nur bei den gemeinsamen Mahlzeiten. Diese wurden so gut wie möglich eingehalten, denn zwischendurch gab es keine »Extrawurst« serviert. Der Familientisch mit der dazugehörigen Bank dahinter war das Herz vom Haus. An diesem Tisch sind Hausaufgaben gemacht, ist geschneidert und überhaupt viel gearbeitet worden. Da wurde an dunklen langen Winterabenden mit den Nachbarn Karten gespielt, oder es wurde einfach in gemütlicher Runde gescherzt, erzählt und musiziert. Zwar gab es nur eine schon sehr betagte Mundharmonika, aber immerhin.

Kochen war zeitraubend und oft auch eine Kunst, weil halt fast nur Kartoffeln zur Verfügung standen und sogar das Gemüse vom Garten sorgfältig eingeteilt werden musste. Das kleine Gärtchen beim Haus lieferte Beeren, Tomaten, Rettiche, Kopfsalat und Gewürzkräuter.

Dort, wo sich nach dem Krieg die »Energieversorgung Schwaben« angesiedelt hat, stellte die Gemeindeverwaltung Land für kleine Gartenparzellen zur Verfügung. Zwischen der Lauter und der Eisenbahnlinie nach Kirchheim hatten wir mit vielen anderen Familien ein so genanntes »G'moidsstückle«. Das war ein von der Gemeinde gepachtetes Stück Land für Kartoffeln und Wintergemüse, aber kein Garten im heutigen Sinn mit gepflegtem Rasen, mit Laube und kuscheliger Sitzecke.

»Hoher Freizeit- und Erholungswert« – wie die Gartenanlagen in heutiger Zeit gepriesen werden, konnte damals nicht mit unserem Garten in Verbindung gebracht werden. Pardon, jetzt komme ich ins Grübeln ... Freizeit und Erholung? Gab es diese Wortschöpfungen damals? Ja, Erholung, das war ein Begriff, doch Erholung war keinesfalls mit einem Gartengrundstück identisch. Freizeit hieß damals noch kurz und bündig Feierabend und Sonntag. Der Sonnabend war Arbeitstag.

Es gab Kinderverschickungen vom Roten Kreuz zur so genannten Erholung. Im Sommer 1946 war ich gerade 11 Jahre alt und hatte das Glück, eine solche »Erholung« genießen zu dürfen. Im Otto-Hofmeister-Haus bei Schopfloch auf der Schwäbischen Alb durfte ich einen sechswöchigen Ferienaufenthalt verbringen. Schopfloch? Du liebe Zeit, wo war Schopfloch? Die Alb, ja, die war greifbar nah, aber Schopfloch nein, keine Ahnung!

Da stand ich nun mit meinem Koffer am Bahnhof. Ein alter, klappriger Militärbus, voll besetzt mit Kindern aus Stuttgart und Umgebung, holte mich dort ab. Es war die erste Autofahrt in meinem jungen Leben, wenn man von der Fahrt mit dem Krankenwagen nach Esslingen absieht. Stolz wie ein Pfau thronte ich auf dem hohen Sitz, und das auch noch ganz vorne neben dem Fahrer.

Dieser Erholungsaufenthalt im Otto-Hofmeister-Haus auf der Alb bei Schopfloch war eines der schönsten Erlebnisse in meiner Kindheit. Noch nach 55 Jahren denke ich gerne zurück an die Wanderungen nach Schopfloch und Hepsisau oder am Sonntag zum Kindergottesdienst nach Ochsenwang. Wir haben uns bei einer Schnitzeljagd vergnügt und bei einer Nachtwanderung Angst ausgestanden. Es waren junge Rot-Kreuz-Schwestern, die uns damals betreuten. Ihre Art, mit uns Kindern umzugehen, erinnerte sehr an die Zeit der Hitlerjugend und des BDM.

Schöne Erinnerungen habe ich auch an die Dienstagnachmittage. Dienstags war Ankunfts- und Abschiedstag im Otto-Hofmeister-Haus. Dies wurde regelrecht gefeiert. Das Festle endete dann mit einem kleinen Leckerbissen, der auf einem

Servierwagen, abgedeckt mit einer weißen Decke, in den Speiseraum geschoben wurde. Damals habe ich die allererste Orange in meinem Leben gesehen und auch essen dürfen. Das war nun nicht so einfach. Wir Kinder kannten ja nur unsere guten alten Äpfel, die mit herzhaften Bissen verspeist werden konnten. Und nun das – schälen? Die Orange musste geschält werden; nur die Ahne zu Hause schälte ihren Apfel, den sie regelmäßig am Nachmittag vesperte und in kleine Stücke teilte, weil sie keine Zähne mehr hatte. So haben wir kleinen Dummerle damals das Orangenschälen spielerisch erlernen müssen. Orangen, wie überhaupt Südfrüchte, gehörten aber noch längst nicht zum Alltag in deutschen Landen.

Bei einem solchen Abschiedsfestle gab es auch einmal eine vermeintliche Enttäuschung. Das Speisewägele mit der Köstlichkeit des Tages blieb aus. Stattdessen balancierte Schwester Rotraut auf ihren Fingerspitzen ein rundes Etwas in den Speisesaal. Es war mit einem Tuch abgedeckt, und wir sollten raten, was darunter verborgen war. Ob es erraten worden ist? Ich weiß es nicht mehr. Als ich dann das Wort Schokolade vernommen habe, fiel mir der junge Soldat ein, von dem ich vor nicht allzu langer Zeit in unserem Luftschutzkeller ein Stück von dem braunen, bitteren Zeugs bekommen habe, das mir nicht so besonders geschmeckt hat. Und nun das! Na ja, wenigstens die bunte Verpackung gefiel mir. Vorsichtig, weil das Bildle darauf erhalten werden sollte, packte ich die viel gepriesene Köstlichkeit aus. Das Silberpapier wurde glatt gestrichen, so wie bei dem Kaugummi von den Amis bei der Lauterbrücke. Dass diese Vollmilchschokolade nun eine reine Gaumenfreude gewesen ist, muss nicht besonders erwähnt werden.

Feierabend auf dem Bänkle vorm Haus

Das Städtle, die Schafgasse, der Platz vor dem »Gasthaus zur Sonne« und rund um die Lauterbrücke, das war unsere Kindheit. Eine Kindheit, die, so entbehrungsreich und ärmlich sie auch gewesen ist, eine schöne kindlich sorglose Zeit war. Schöne Zeiten glänzen noch nach vielen Jahren in der Erinnerung, während die negativen Erfahrungen immer mehr verblassen.

Zum Beispiel gingen wir manchmal hungrig zu Bett und am nächsten Morgen standen Pellkartoffeln und schwarzer Kaffee auf dem Küchentisch. Oder wir mussten mit x-mal gestopften Strümpfen in Holzsandalen zur Schule gehen. Mitunter brachten wir Kinder unsere Mutter zur Verzweiflung, weil wieder einmal der Rock, die Hose oder die Weste durchgescheuert waren. Doch hat sie immer gekonnt die notwendigen Flicken so dekorativ wie möglich eingesetzt. Oftmals mussten auch die Riemchen an den Holzsandalen wieder festgenagelt werden. Dies wurde so lange wiederholt, bis wegen der vielen kleinen Löcher im Holz kein Nägelchen mehr hielt.

Unvergessen sind auch die lauen Sommerabende, wenn die Alten auf dem Bänkle beim Haus oder einfach nur auf dem Mäuerle der stillgelegten Miste gesessen haben.

Der damals schon über siebzig Jahre alte Schreinermeister kam aus seiner Werkstatt geschlurft, in der er trotz seines hohen Alters immer noch täglich werkelte. Er klopfte sich die Holzspäne von seiner Schaffschürze und steckte die rechte untere Ecke nach links in den Hosenbund, um so die hässlichen Flecken vom Holzleim zu verdecken. Dann setzte er sich zur Ahne aufs Bänkle und steckte den Tabak in seiner Pfeife an. Diese Pfeife hängte er nun mit Hilfe von einem kleinen Gummiring (der vom Verschluss einer Bierflasche stammte) zwischen die letzten beiden Zähne in seinem Unterkiefer.

Die Ahne saß schon einige Stunden dort. Ihre kranken Glieder wollten einfach nicht mehr mitmachen. Die Sonne wärmte angenehm ihre von der Gicht schmerzenden Hände. Sie ließ es sich aber trotz ihres Leidens nicht nehmen, kleine Arbeiten im Sitzen zu verrichten. Gegen Abend schlurfte sie in den Garten, um eine Kochet grüne Bohnen in ihre hochgebundene Schürze zu pflücken, und diese fürs Mittagessen am nächsten Tag vorzubereiten. Bohne schnipfla, so hieß der Fachausdruck dafür. Oder sie nahm ihr Strickzeug und klapperte mit den Nadeln.

In der Stalltüre nebenan tauchte ein Frauenkopf mit einem weißen Kopftuch auf. »So Guschtaf, hoscht Feierobed gmacht!« rief die Frau unter der Stalltüre dem Alten zu. »Jo, jo«, brummelte der Guschtaf, ohne dabei seine Pfeife aus dem Mund zu nehmen. Eine junge Frau kam über die Straße. Sie stellte ihre große Kanne, in der sie die Milch zum Milchhäusle (Genossenschaftliche Milchsammelstelle) gebracht hatte, vor den beiden Alten ab und setzte sich dazu, um ein Schwätzle zu halten. Auch das »weiße Kopftuch« und die Flüchtlingsfrau Wilhelmine, kurz Mena genannt, gesellten sich zu der Feierabendrunde.

Mena wohnte mit ihrem Kleinkind im Nachbarhaus. Dort hatte sie ein Zimmer im Erdgeschoss zugeteilt bekommen. Der Eingang führte über ein winziges Stückchen Vorgarten, das früher mit Blumen bepflanzt die Zierde des Hauses war, jetzt aber als Gemüsegarten diente. Sie nähte Schürzen in Heimarbeit. Tagsüber saß sie an ihrer Nähmaschine, am Abend wurden die Knöpfe angenäht. Sie kam mit dem Kinderwagen und einem Packen Schürzen, an denen sie noch die Nähte versäubern musste. Das Gespräch ging oft um ihren Mann, der kurz vor Kriegsende einberufen wurde, als sie hochschwanger war. Er war noch als vermisst gemeldet. Sie erzählte auch, wie sie mit dem wenige Monate alten Mädchen und der alten Mutter ihre Heimat verlassen musste, und wie die Mutter dann in einem Lager starb. Sie glaubte felsenfest daran, dass sie eines Tages wieder nach Hause gehen könnte. Das waren Gesprächsfetzen, mit denen ich damals nichts anzufangen wusste, und die dennoch tief in mein Gedächtnis eingegraben sind.

Die Nachbarin Marie war allein stehend. Im Sommer war sie nur in ihrem großen, gepflegten Garten hinterm Haus anzutreffen, denn ständig war irgendetwas dort zu tun. In dem kleinen Stall im Untergeschoss ihres Hauses, der von der Straße aus zugänglich war, hielt sie zwei Ziegen, die täglich frische Milch lieferten. Nach getaner Arbeit im Stall kam nun auch die Marie. Sie brachte ihren Melkschemel mit, weil Bänkle und Mäuerle besetzt waren.

Ein barfüßiger Bub setzte sich zu mir auf die Wolldecke, die vor den Schwatzenden auf dem Boden ausgebreitet lag. Weitere Kinder kamen dazu und lauschten auf das Gespräch der Alten. Bald jedoch wurde es ihnen langweilig. Einer von den Buben zog ein schon sehr abgegriffenes Päckle »Gaigelkarten« aus seiner Hosentasche, und im Nu war die schönste Spielrunde im Gang. Wir Kinder hörten und sahen nichts mehr außer »Schippa Bua, Bolla Sau und Karo Ass!« Der Platz auf der Spieldecke wurde enger, weil immer mehr Buben zum Gaigeln gekommen waren. Die Kleinen, die noch nicht Karten spielen konnten, mussten nun den Platz für die Spieler räumen. Also holten wir unsere Stelzen oder den Dopf und die dazu gehörende Peitsche, um den Kreisel, wie der Dopf eigentlich heißt, in Schwung zu bringen.

Das »Gasthaus zur Sonne« war damals an ein junges, sehr ungleiches, kinderloses Ehepaar verpachtet. Der Wirt, ein kleiner quirliger Wisch, war ständig am Maulen, wenn wir Kinder auf dem Platz vor seinem Gasthaus spielten. Besonders die Buben, die nicht gerade lautlos über den Platz fegten und jedes Tor mit Gejohle registrierten, waren ihm ein Dorn im Auge. Das »Gummimännle«, wie der Sonnenwirt seiner Flinkheit wegen genannt wurde, lauerte also hinter der angelehnten Haustüre. Einen günstigen Augenblick abwartend, wetzte er auf die Straße, nahm blitzschnell den Ball an sich und war genau so wie er aufgetaucht war wieder im dunklen Hausflur verschwunden. Die Fußbälle sind nur selten zurückgegeben worden. Das war natürlich ein herber Verlust, weil damals nicht einfach »mir nichts dir nichts« ein solch gutes Stück gekauft werden konnte. Auch war kein resoluter Vater zur Stelle, der sich solche Eigenmächtigkeiten verbeten hätte. Auch wir Mädchen hatten ständig ein Auge an der nur angelehnten Eingangstüre des Gasthauses, wenn wir den bunten Ball an die Hauswand köpfelten und s'Zehnerle machten. Wir waren jedoch aufmerksamer als die Buben, die in ihrer Fußballbegeisterung nichts mehr sahen und hörten.

Die Krankenschwestern Karoline und Christine

Karoline und Christine waren als Gemeindeschwestern für Wendlingen zuständig. Sie ersetzten bei leichteren Erkrankungen den Arzt. Täglich waren sie unterwegs zu den pflegebedürftigen Kranken. In ihrer Schwesterntracht und mit einer schwarzen Tasche in der Hand gehörten die Diakonissen mit ihren weißen Hauben genauso ins Straßenbild wie die Hausfrauen mit ihren Bachkörble unterm Arm auf dem Weg zum Bäcker, wie der alte Handwerker mit seiner Schaffschürze, der mit seinem Nachbarn unter der Scheunentüre ein Schwätzle hielt, oder wie die Kühe, die vor ihr Fuhrwerk gespannt gemächlich aufs Feld trotteten. Mit weit ausholenden Schritten sah man die Schwestern beim Gang zu ihren täglichen Krankenbesuchen. Am Spätnachmittag hatten sie Sprechstunde, um den einen oder anderen Verband zu wechseln oder eine frische Wunde zu verarzten.

Der Arzt wurde nur bei schweren Erkrankungen aufgesucht oder ins Haus bestellt, wenn das Wissen der Schwester nicht weiterhalf. Zeitzeugen erzählen, dass Wendlingen vor 1930 noch keinen eigenen Arzt hatte und in Notfällen der Doktor aus Köngen gerufen werden musste. Bei schweren Krankheitsfällen machte er sich dann mit einer Pferdekutsche auf den Weg über den Neckar. Später hatten wir unseren eigenen Doktor, aber immer noch keine Apotheke. Die verordneten Medikamente mussten weiterhin bei der Apotheke in Köngen abgeholt werden. Es ist nicht selten vorgekommen, dass der lange Fußmarsch zweimal angetreten werden musste. Wenn mischen, mörsern, rühren und brauen längere Zeit in Anspruch nahm, weil der Apotheker die Arzneien noch weitgehend in Eigenarbeit herstellte, standen die dringend notwendige Salbe, das Pülverchen oder die Tropfen oft erst Stunden später oder am nächsten Tag zur Verfügung.

Die Gemeindeschwester hat oftmals auch kleinere Arbeiten im Haushalt erledigt. Wenn zum Beispiel die Mutter fieberkrank strengstens das Bett hüten musste, hat sie mit flinken Händen die Waschschüssel mit warmem Wasser gefüllt und die Kinder zur Morgentoilette angehalten. Nebenbei hat sie Frühstück für Mutter und Kinder bereitet und schnell noch abgewaschen und dann die Kinder ins Schüle (Kindergarten) oder in die Schule geschickt. Erst jetzt hat sie zufrieden am nächsten Krankenbett ihre Aufgaben fortsetzen können.

Die Schwestern, zwar lieb und fürsorglich, waren bei uns Kindern gefürchtet. Sie machten streng und resolut ihre Arbeit und hielten sich nicht mit Nebensächlichkeiten auf. Bisweilen schimpften sie auch mit den Friechtla (Früchtchen), wie sie uns Kinder zu nennen pflegten.

Die »weißen Hauben« gingen mit uns Kindern nicht gerade zimperlich um. So erzählt ein heute fast Siebzigjähriger, wie ihm, dem kleinen Friechtle, die Schwester Christine einmal den Hintern versohlt habe, weil er krank und mit hohem Fieber, nur mit einem Nachthemd angetan, am offenen Fenster dem Treiben seiner Kameraden auf der verschneiten Gass zugeschaut hat. Ja, so waren sie, die Diakonissen in ihren dunklen Gewändern.

Mit Holzsandalen zur Hochzeit

Während des Krieges haben oft einfache Kriegs- oder Ferntrauungen stattgefunden. Der Bräutigam gab an der Front unter Zeugen sein Jawort, während die Braut vor dem Standesbeamten in der Heimat ihr »Ja« hauchte. Oft war dies der Fall, wenn die Frau beim letzten Heimaturlaub von ihrem Freund schwanger geworden ist. Um sie nicht der Schande als unverheiratete Mutter auszusetzen, musste so schnell wie möglich geheiratet werden. Viele dieser ferngetrauten Väter haben ihre Kinder nicht gesehen, weil sie schon wenig später »für Volk und Führer« gefallen sind.

An die ersten Hochzeiten nach dem Krieg erinnere ich mich noch sehr genau. Der Hochzeitszug auf dem Weg zur Eusebiuskirche führte an unserem Haus vorbei. Der Höhepunkt jeder Eheschließung war nun wieder der Gang zur Kirche, der in Zeiten des Nationalsozialismus verpönt war. Viele Kinder, aber auch Erwachsene, säumten die Straßen, durch die sich der Hochzeitszug bewegte. Herausgeputzte Kinder führten den Festzug an. Wie gerne wäre ich einmal ein solches Hochzeitskind gewesen, in einem wunderschönen Kleid und mit einem Kränzchen im Haar! Danach kamen die unverheirateten Brautjungfern mit ihren Brautführern, die das frisch vermählte Paar »zur Kirche führten«. Die jungen Mädchen waren, wie die Kinder, in duftige lange Kleider gehüllt. Der sehr bescheidene Blumenstrauß, den sie im Arm trugen, bestand aus drei roten langstieligen Nelken und Asparagusgrün, mit einer Papierschleife gebunden. Dann folgte das Brautpaar im schönsten Wichs, was zu dieser Zeit so viel besagte wie das heutige »in Schale«. Die Braut trug grundsätzlich einen langen weißen Schleier in Form einer Schleppe, und den durften wiederum kleine Kinder tragen. Es war nun das Allerhöchste für ein kleines Mädchen, wenn es den Brautschleier tragen durfte.

Der Brautstrauß bestand meist aus weißen Nelken. Je nach dem gesellschaftlichen Stand (ja, den gab es auch in schweren Zeiten) der Brautleute waren zwanzig oder mehr Nelken zu einem ansehnlichen Strauß gebunden. Hinter dem Brautpaar gingen in gemäßigten Schritten die Eltern, natürlich schwarz gekleidet, wie sich überhaupt der restliche Festzug in Schwarz präsentierte. Den Schluss bildeten Nachbarn, Freunde und Bekannte des Brautpaares.

An dieser Stelle will das wiedergegeben werden, was eine ehemalige Kollegin oft erzählte: Bei ihrer Hochzeit im Herbst 1945 war nicht ein einziges Blümle aufzutreiben. »Beim Gärtner im Nachbardorf gibt es Alpenveilchen im Topf!« so wurde gemunkelt. Per Fahrrad sind einige Stück davon, im Tausch gegen irgendwelche Nahrungsmittel und im Schutz der Dunkelheit, geholt worden. Es war ein sehr gefährliches Unterfangen wegen der von der Besatzungsmacht verordneten Ausgangssperre in der Nacht.

Unsere Nachbarin feierte kurz nach dem Krieg ihre Hochzeit. »Sie muss heiraten!« tuschelten die Erwachsenen hinter vorgehaltener Hand. Was hatte nun das wieder zu bedeuten, sie »muss«? »Ha, weil se a Kend kriegt!« verkündete eine vorlaute Freundin. Da war es wieder, das geheimnisvolle Etwas, das die kleinen Rotznasen noch nicht wissen sollten. Natürlich wusste ich im Alter von zehn Jahren, dass ein Kind von seiner Mutter geboren wird und dass dazu auch ein Vater gehört, aber so richtig konnte ich nicht einordnen, was der Vater damit zu tun hat. So war dies in einer Welt, in der noch der Storch die kleinen Kinder brachte. War es der Zwang einer unsicheren, vielleicht auch einer verlogenen Welt? Bei uns gab es keinen Vater mehr, der die Mutter einmal liebkoste und streichelte oder gar küsste. Meine kleine Welt war halt die der Frauen. Aber selbst dort, wo der Vater in einer Familie präsent gewesen ist, haben sich Mann und Frau nicht vor ihren Kindern geküsst.

Als Nachbarn wurden wir also zu der Hochzeit eingeladen. »Im Gasthaus zum Ochsen findet die

Feier statt« hieß es auf der handgeschriebenen Einladung. Das Schönste jedoch war, dass ich als so genanntes »Hochzeitskind« im Zug mitgehen durfte. Ein Kleidergutschein vom Rathaus kam da gerade recht. Im Kaufhaus Mühleisen bei uns in der Nachbarschaft gab es zu dieser Zeit lachsrosafarbene Kinderkleider. Oder war es doch so, dass Mutter von den Kinderkleidern wusste und deshalb einen Antrag auf Kleiderzuteilung stellte? Wie dies auch gewesen sein mag, ich war, so meine feste Überzeugung, das schönste Kind bei diesem Hochzeitszug, zumal auch noch meine Haare mit der Brennschere onduliert worden sind und in die kunstvoll gesteckten Locken ein Kränzchen aus Wachsblumen geflochten wurde.

Ein Wermutstropfen jedoch sollte die Hochstimmung und Vorfreude auf dieses einmalige Erlebnis trüben. Das einzige Paar Schuhe, das ich besessen habe, grobe, robuste Schnürstiefel in schwarz-matter Farbe, wollte einfach nicht mit den weißen Kniestrümpfen harmonieren. Der rettende Gedanke war: Holzsandalen vom Schuster. Dank eines kleinen Zigarettenpäckchens der Marke »Salem« bekam ich tatsächlich ein paar Holzsohlen, ohne Bezugschein, aber auch ohne Riemchen. Du liebe Güte, es müssen doch noch ein paar lumpige Lederriemchen aufzutreiben sein! Auch dieses Problem löste sich dann fast von selbst.

An einem frühen Morgen klingelte es an der Haustüre. Auch die Klingel an unserer vorsintflutlichen Haustüre ist eine liebe Erinnerung an frühere Zeiten. Wie bei vielen Bauernhäusern, so war auch an unserem Hauseingang noch keine elektrische Klingel angebracht. Es gab auch nur einen Hausschlüssel mit einer stattlichen Länge von sage und schreibe 20 cm. Dieses Monstrum war sehr hinderlich und passte natürlich in keine Hand- oder Hosentasche. Der Schlüssel steckte also auf der Innenseite ständig in seinem schmiedeeisernen Schloss. Wegen ihrer Heimarbeit war unsere Mutter auch sehr selten von zu Hause abwesend. Die Haustüre war also den Tag über nicht abgeschlossen, und die Besucher konnten ungehindert ins Treppenhaus eintreten und sich durch ein lautes »Hallooo!« bemerkbar machen. Bis eines Tages eine schöne Klingel aus dem Nachlass der Stadtwohnung meiner Großeltern an der großen zweiflügeligen Eingangstüre von unserem alten Haus prangte. Ein Dreh an dem silberfarbenen Ding genügte, um einen knarrenden Laut, wie bei einer Fahrradklingel, auszulösen.

An diesem bewussten Vormittag klingelte also ein junges Mädchen aus der Nachbarschaft. Eigentlich war sie schon ein Fräulein, ja, dieser feine Unterschied spielte damals eine wichtige Rolle. Nach der Konfirmation wurden die Mädchen Fräulein, frage heute niemand warum! Ich weiß es nicht, es war halt so. Sie teilte uns aufgeregt mit, dass in Kirchheim Freibankfleisch für halbe Marken zu bekommen sei. Wenn sie ein Fahrrad hätte, würde sie nach Kirchheim radeln, um Fleisch einzukaufen. Wie das Leben nun mal so spielt: Sie bekam unser Fahrrad, wir bekamen Rindfleisch von der Freibank auf halbe Marken und obendrein von ihr noch einen weinroten Ledergürtel, der aus Vorkriegszeiten stammte. Die Holzsohlen bekamen schöne Riemchen aus rotem Leder und meine kleine Welt mit der Vorfreude auf ein schönes Hochzeitsfest war wieder in Ordnung.

Die Hochzeitsfeier fand also im »Gasthaus zum Ochsen« statt. Dieses bescheidene Fest in einer Zeit heute unvorstellbarer Armut ist es wert, näher geschildert zu werden.

Der Saal im Obergeschoss ist nur spärlich geschmückt gewesen. An der Eingangstüre hing ein Schild, von frisch geschnittenen Birkenzweigen eingerahmt, mit der Aufschrift »Herzlich willkommen!«

Auf den Tischen lagen ebenfalls grüne Zweige. An der Fensterfront war eine Festtafel für etwa dreißig Personen gedeckt, der so genannte Hochzeitstisch. Die Nebentische waren nicht eingedeckt, weder mit Geschirr, geschweige denn mit einer Tischdecke. Dort durften die Nachbarn und weitere Bekannte ihren Platz einnehmen. Am Hochzeitstisch ist Kuchen und Bohnenkaffee (ein paar gemahlene Kaffeebohnen gemischt mit Zichorie) serviert worden, an den Nebentischen Hefekranz und Malzkaffee pur. Für uns Kinder, die ja nicht zur Familie gehörten, war es der Höhepunkt vom Fest: »En Festkranzkucha, ganz omsonscht!«

Zum Abendessen wurde am Brauttisch die Hochzeitssuppe serviert. Das war noch etwas Neues für ein ahnungsloses Kriegskind: eine Suppe mit goldenen Klößchen. Auch die großen Suppenterrinen mit Ochsenköpfen als Tragegriffe haben mich sehr fasziniert, dabei war dies nur gewöhnliches derbes Wirtshausgeschirr. Als die Gäste am Hochzeitstisch versorgt waren, kam die Kellnerin auch zu uns an die Nebentische, und die Mütter bestellten Bratwürste mit Kartoffelsalat: »Eine Portion mit einem extra Teller für's Kind.« (Ich glaube mich zu erinnern, dass die Mütter Fleischmärkle von der Lebensmittelkarte dafür geben mussten.)

Als es dunkelte, kam ein Musiker mit einer vorsintflutlichen Handharmonika. Jetzt ist getanzt worden! Dies war wieder etwas völlig Neues, dass sich Mann und Frau im Tanze zur Musik drehten, denn wer hatte schon in Kriegszeiten getanzt? Abgesehen davon, dass öffentliche Tanzveranstaltungen nicht stattgefunden haben, waren sie sogar zeitweise verboten. Jetzt tanzten da erwachsene Leute, umarmten sich, lachten und scherzten. Natürlich taten wir Kleinen es den Großen gleich, vergnügten uns mit Ringelreihen am Rande der großen Tanzfläche und kamen uns dabei sehr wichtig vor. Welch ein Unterschied zu der Zeit voller Dunkelheit, die ich nur wenige Jahre vorher erlebt hatte.

Rossbolla sammeln, Buchele klauben und Ähren lesen

Das Jahr 1946 war ein schlimmes Hungerjahr, ja, ich glaube behaupten zu können, das Schlimmste des zwanzigsten Jahrhunderts. 1946 war auch ein Jahr der Buchele, des Ährenlesens und des Aberntens (in der Mundart afzgebergla). Das heißt, Obst, das auf den Bäumen verblieben war, wurde nach dem Fall der Blätter sichtbar und durfte von jedermann abgeerntet werden.

Buchele (Bucheckern), die Früchte der Buche, die zu Speiseöl gepresst wurden, waren es, die damals weite Teile des Landes auf Trab hielten. In dieser Hungerzeit, als die Not am größten war, schien es so, als müsse auch die Natur ihren Beitrag für einen Neuanfang leisten. Es war ein reiches Buchelejahr. Scharen von Familien, vom Kleinkind bis zur Ahne, haben sich auf den Weg in die Wälder gemacht, um Buchele zu lesen, das heißt, sie vom Boden in ein Gefäß einzusammeln. Eine Großfamilie brachte es auf ein paar Kilo am Tag. Natürlich gab es auch damals Schlitzohren, die mit Schüttelhaken und großen Tüchern reiche Ausbeute machten, und die ihr Revier verteidigten. Auch meine Mutter und ich haben uns mit Nachbarsfrauen und deren Kindern im Schlepptau auf den Weg in den Wald gemacht. Jedes von uns größeren Kindern hat ein Schäpfle bekommen, und auf den Knien rutschend wurden die Buchele vom Waldboden in die Blechbüchse geklaubt und anschließend ins Säckle gekippt.

An einem Sonntagmorgen sind wir sogar mit der Bahn nach Weilheim gefahren. Dort, in den dichten Wäldern um den Aichelberg und am Albaufstieg »... sind die Bäume no brazlet voll mit Buchele!« Das war eine Art Geheimtipp, denn in unserem heimischen Wald, der sowieso nicht allzu groß ist, war nichts mehr zu holen. Natürlich sind wir nicht die Einzigen gewesen, die von dem Geheimtipp wussten und auf reiche Beute hofften. Auch dort waren Völkerwanderungen unterwegs, um Buchele zu sammeln.

Mit dem Sammeln der Buchele war es jedoch nicht getan. Am Abend musste ein Teil der Früchte, die als Haselnussersatz für die Weihnachtsbäckerei gebraucht wurden, aus ihrer Schale gepult werden. Auch damit sind schöne Erinnerungen verbunden. Ein großer Haufen Buchele ist in die Mitte von unserem großen Stubentisch geschüttet worden. Mit Eifer waren wir Kinder bei der Sache, gab es doch viel zu lachen über die Scherze der Buben. Zur Belohnung bekamen wir einen frischen warmen Bratapfel direkt von der Platte des heißen

Ofens, der unmittelbar neben der Türe in unserer großen Stube platziert gewesen ist. Der Duft, den diese geschmorten Äpfel im Haus verbreitet haben, kann nicht beschrieben werden. So etwas muss erlebt worden sein, um mitreden zu können.

Die Frauen sind mit den Buchele, die in Säcken auf dem Gepäckträger ihrer Fahrräder festgezurrt oder in einem Handwägele hinterhergezogen wurden, nach Nürtingen zur Ölmühle gefahren. Dort mussten sie sich erst einmal in die Warteschlange stellen. Wenn sie im Dunkel wieder nach Hause radelten, saß ihnen die Angst vor Wegelagerern im Nacken. Nicht selten mussten die Frauen solchen Gangstern, die genauso eilig wieder in der Dunkelheit verschwanden wie sie aufgetaucht waren, ihr so mühevoll erstandenes Salatöl aushändigen. Lange nach Beginn der Ausgangssperre sind sie wieder zu Hause angekommen, mit weniger Salatöl im Gepäck als erhofft, weil der Ölmüller erst einmal seinen nicht geringen Anteil behalten hatte.

Das Buchelelesen im Wald unter schattigen Bäumen ist in kindlich spielerischer Freude erlebt worden, war es doch mit einem Ausflug per Zügle nach Weilheim und mit einem Picknick im Wald verbunden. Ein Picknick, das mit heutigen Grillgelagen mit Kartoffelsalat aus der Plastikschüssel, Würstchen aus der Kühlbox und Getränken aus der Dose wenig gemeinsam hatte. Trotzdem kann das Vergnügen an unserer mageren Vesperpause damals im Wald mit einem Schlemmer-Grillvergnügen von heute unbedingt gleichgestellt werden.

Unser Picknick bestand aus einigen Ringen Waffeln, die tags zuvor in unserem schwarzen Waffeleisen auf dem Herdfeuer gebacken worden sind. Apfelbrei in zwei großen Schraubgläsern vervollständigten die Mahlzeit. Mit umgehängtem Brotbeutel und einer Feldflasche, gefüllt mit Tee oder schwarzem Kaffee, die an der Seite des Brotbeutels eingehängt war sowie einer kleinen Wolldecke, aufgerollt in den Überschlag geklemmt, so habe ich die Fahrt im Bummelzug genossen und bin mir dabei sehr wichtig vorgekommen.

Die Flasche, die während der langen Zugfahrt mehr aus Langeweile als wegen des Durstes ausgetrunken worden ist, wurde auf dem Fußmarsch in die Wälder rund um den Aichelberg immer wieder mit frischem Quellwasser aufgefüllt. Der krönende Abschluss dieses Ausflugs war die Ankunft am Abend auf dem heimatlichen Bahnhof, denn jetzt spendierte die Mutter noch eine Kugel Eis für zehn Pfennig »beim Greiner«. Die Familie Greiner war damals Pächter der Bahnhofswirtschaft.

Dieses Eisvergnügen gab es übrigens in meiner Erinnerung schon seit frühester Kindheit. Es muss 1939 oder 1940 gewesen sein als wir, mein Bruder und ich, von unserem Vater das allsonntägliche Zehnerle bekamen. Das Geldstück fest in der Hand, so schlenderten wir zum »Greiner«. Eine Spitzwaffel, gefüllt mit einer Kugel Eis, war die Belohnung für den langen Fußmarsch über die Wiesen, die damals erst spärlich bebaut gewesen sind. Ein Jammer war es, als ich einmal mein Zehnerle verloren hatte. Wir suchten zusammen im Gras, doch ebenso gut hätten wir eine Stecknadel im Heuhaufen suchen können. Es half nichts, wir mussten zurück zu den Eltern und um ein zweites Zehnerle bitten, was uns allerdings aussichtslos erschien. O Wunder, ich bekam tatsächlich von meinem Vater noch einmal ein Zehnpfennigstück, das nun in Bruders Hosentasche verwahrt worden ist. Somit war der kindliche Schlemmersonntagnachmittag gerettet.

Warum erzähle ich dies alles so genau? Zum einen ist es einfach schön, in Erinnerungen an den geliebten Vater und den Bruder zu schwelgen. Zum anderen soll aufgezeigt werden, wie kostbar eine noch so ärmliche und entbehrungsreiche Kindheit und Jugend sein kann, wenn die Familie eine kleine Insel der Geborgenheit in einem Meer von Widerwärtigkeiten und Enttäuschungen ist.

Das Ährenlesen allerdings war nicht gerade angenehm und weit entfernt von dem Vergnügen, den ein Ausflug ins Buchelelesen machte. Mit einer großen, auf die Schürze genähten Tasche mussten wir bei glühender Sonnenhitze über die abgeernteten Felder gehen, um Getreideähren, die durch die Zinken des Rechens geschlüpft sind, aufzusammeln. Diese Ähren konnten beim Müller in Mehl eingetauscht werden. An dieser Stelle muss lobend erwähnt werden, dass der Müller Karl damals den Nachbarskindern großzügig Mehl in deren Säckle schaufelte, weit über den Wert der mitgebrachten Ähren hinaus.

Eine Kuriosität in dieser Zeit, da mit allem sorgsam umgegangen worden ist, war das Rossbolla- oder Kuhdrecksammeln. Die Kartoffel- und Gemüsestückle wollten gedüngt sein. Heute, wo das Hygienebewusstsein oft übertrieben wird, ist dies ein wahrer Horrorgedanke, dass Kinder mit einer Mistkarre unterwegs sind, um die Hinterlassenschaften von Pferden und Kühen einzusammeln.

Es gehörte zum Ortsbild, besonders auf den Wegen und Straßen, die aufs freie Feld führten, dass Kuhfladen mitten auf der Straße lagen. Erst wurden diese Hinterlassenschaften noch vom Gemeindediener eingesammelt, um die Straßen sauber zu halten. In den Zeiten allergrößter Not war sogar der Kuhdreck kostbar und dem Büttel blieb das Aufsammeln erspart. Diese wertvollen Hinterlassenschaften der Tiere sind von Kindern, meist waren es die Buben, in die Kübel auf einem mitgeführten Handwagen geschaufelt worden, streng sortiert in Rossbolla und Kuhdreck. Ob Kinder in heutiger Zeit noch den Unterschied kennen? Unsere Mutter hat uns vor dem Kuhdrecksammeln bewahrt. Aber sie selbst hat, mit einer Schaufel bewaffnet, die Rossbolla vor dem Haus eingesammelt und in ihr Gärtle gebracht.

An dieser Stelle will ein Bubenstreich erzählt sein: Die Bauern haben die Gülle aus ihrem Stall in großen Fässern, so genannten Güllefässern, zum Düngen auf die Felder gekarrt. Das Fuhrwerk samt gefülltem Güllefass stand vor dem Haus eines Bauern bereit, um abgefahren zu werden. Ein vorwitziger Bub aus der Nachbarschaft lockerte in einem unbewachten Augenblick den Auslaufhahn an der Rückseite des Fasses. Eine schmale Spur des stinkenden, aber kostbaren Nasses verlief bald über die Schafgasse bis auf den Acker als die Folge des bösen Lausbubenstreichs. Erst dort hat der gute Mann die Missetat bemerkt. Der erboste Bauer rächte sich furchtbar. Er legte sich anderntags auf die Lauer, um zu sehen, wer ihm diesen Schabernack gespielt hatte. Vorher lockerte er seinerseits den Auslaufhahn an dem mit Gülle randvollen Fass ein wenig. Tatsächlich schlenderte der Bengel mit Unschuldsmiene auf das Fässle zu. Doch als er sich vorsichtig daran zu schaffen machte, hielt er plötzlich den Auslaufhahn in den Händen, und die ganze Herrlichkeit ergoss sich über sein nagelneues Mäntele. Wie seine Mutter darauf reagierte ist zwar bekannt, sei aber nicht erwähnt.

Spielen im Straßenkandel, Bierkutscher und Handwerker

Der Straßenfeger zog einmal wöchentlich mit einem zweiräderigen Schiebekarren und mit Besen und Schaufel durch die Straßen, um die Kandelschächte von Laub und Stroh, das der Wind aus allen Himmelsrichtungen herangeweht hatte, sauber zu halten. Nach einem Regenguss schwemmte das Wasser auch feinen Sand von den Feldern den Kandel der Schafgasse herunter, wo er sich rund um den Abwasserschacht bei der oberen Mühle absetzte. Für die Buben war dies ein gefundenes Fressen. Pardon, »sie konnten ihrem Spieltrieb freien Lauf lassen«, doch so gewählt drückte man sich damals noch nicht aus. Mit welchem Eifer diese barfüßigen Kinder stundenlang mit Sand und gestautem Wasser im Straßenkandel spielen konnten, ohne bunte Kunststoffbagger und Lastwagenkipper, nur mit einem kleinen Blechschipple, ist nicht zu beschreiben. Wahrhaft kleine Bauherren und Ingenieure, die Kanäle und Stauwehre bauten, waren da am Werk.

Überhaupt hatten wir Kinder nur sehr wenig Spielzeug außer den Stelzen und dem Dopf. Es gab damals einige Handwerker, die sich neben ihrer eigentlichen Arbeit auch dem Spielzeug der Kinder widmeten.

Im Erdgeschoss seines Hauses bei der Lauterschule (es wurde 1944 mit noch zwei Nachbarhäusern Opfer eines Fliegerangriffs) hatte der »Dreherkaiser« seine Werkstatt. Oft haben wir in den Schulpausen dem Meister durch das geöffnete Fenster bei der Arbeit zugeschaut und so die Entstehung eines Kreisels in der Drehbank kennen gelernt. Auch kleine Puppenmöbel mit gedrechselten Stuhl- und Tischbeinen oder Puppenwägele ganz aus Holz sind unter den geschickten Händen des Drehers entstanden.

Der Steinmetz Rudolf Sigler in der Schwenkgasse, der gleichzeitig auch der Wirt vom »Gasthaus Adler« war, hat bei schönem Wetter seine Arbeit mit Meißel und Klöpfel ins Freie verlegt. Er wurde oft von wissbegierigen Buben umlagert. Sie durften mit einem Handfeger den feinen Staub, der sich immer wieder auf dem Marmorblock ansammelte, von der Arbeitsfläche fegen.

Es hat mich sehr fasziniert, den Handwerkern bei ihrer Arbeit zuschauen zu dürfen. Den Bäckermeister konnte man durchs Fenster beim Brezelnschlingen beobachten. Beim Schuster stand an warmen Tagen die Türe sperrangelweit offen. Da saß nun der Meister, mit seiner grünen Schürze angetan, auf einem niedrigen Schemel vor der kleinen Werkbank und bearbeitete mit dem Hammer auf einem Dreifuß irgendwelche Schuhe. Feine Kinder- und Frauenschuhe, derbe Männerstiefel, ausgelatschte Arbeitstreter, so genannte Kickstiefel, Hausschuhe und Holzpantinen waren rundum in die Wandregale gestapelt und warteten auf ihre Reparatur. Auf dem großen Tisch am Fenster lagen Einkaufstaschen, Schulranzen, Tornister, Brotbeutel, Rucksäcke, Vespermappen und Kindergartentäschle, die ebenfalls repariert werden sollten. Meist waren es die Nähte an diesen Behältern, die aufgegangen waren und wieder genäht werden mussten, aber auch abgerissene Tragerriemen sollten mit Nieten wieder befestigt werden.

Die Schulkinder konnten meist auf ihren Ranzen warten, denn der wurde ja täglich gebraucht. So habe auch ich einmal den Schuster bei seiner Arbeit bewundert, wie er gekonnt aus einem großen Stück Leder ein kleines Verschlussriemchen spitz zuschnitt, dann in gleichmäßigen Abständen Löcher hineinstanzte und mit zwei Nieten an den Überschlag meines Schulranzens heftete. Ein anderes Mal musste die aufgetrennte Seitennaht wieder zugenäht werden. Mein Schulranzen ist gebraucht erworben worden und hat acht Jahre seine Dienste geleistet, wie dies übrigens bei allen Schulkindern üblich war. Die wenigstens bekamen damals im Lauf ihrer Schulzeit einen neuen zweiten Schulranzen.

So basierten die Haupteinnahmen der Handwerker auf den Reparaturen, wenngleich der Schuster auch schon einmal neue Schuhe, meistens solche mit hohen Schäften für die Männer, so genannte Suffrohr, angemessen und in Handarbeit gefertigt hat. Die Arbeitsstiefel waren ausschließlich genagelt, das heißt, die Sohlen waren mit kurzen Nägeln beschlagen, und auf den Absätzen prangten so genannte Eisele aus Metall. Auch Frauenschuhe waren mit solch einem Eisele auf dem Absatz geschmückt. Selbst bei den Sonntagsschuhen aus feinem Leder von unserer Mutter war solch ein Metallplättchen auf den Absatz genagelt, bei unseren Kinderschuhen sowieso. Wer von den »Alten«, die sich an ihre Kindheit erinnern, hört nicht heute noch die Standpauke der Eltern, wenn sie wieder einmal über die schiefen Absätze an den Schuhen ihrer Sprösslinge schimpften!

Bisweilen hat der Seilermeister Klein am Lauterufer, entlang der Ludwigstraße, ellenlange Hanfseile gedreht. Die Gassenbuben durften da und dort mithelfen und die Spulen halten. Ansonsten hat er in seiner Scheune die so genannten Seegrasbändel zum Binden der Getreidegarben gedreht. Ein zu kurz geratenes Seegrasband, das nicht verkauft werden konnte, hat er uns Mädchen zum Seilhüpfen geschenkt. Erst viel später hat der Seiler auch Springseile mit bunten Holzgriffen gefertigt.

An einem Ostermorgen lag neben meinem Osternestle ein solches Hopfseil mit bunten Holzgriffen. Wieder einmal hat unsere Mutter die monatliche Tabakwaren-Zuteilung, die auch den Frauen zustand, für ihre Mädchen geopfert. Es war kein großes Opfer für die Frauen der damaligen Generation, ihre Raucherzuteilung als Zahlungsmittel zu verwenden, denn es galt als unverzeihliches Fehlverhalten, wenn eine Frau rauchte; ja, es war eine Schande, zumindest auf dem Land oder im Dorf. Mit der Zigarettenwährung sind die Handwerker zu einem zusätzlichen Tabakspäckle und wir Kinder zu unserem Spielzeug gekommen.

Die Straßenhopfetsen erfreuten sich großer Beliebtheit; ganz selten begegnet man diesen Hopfetsen auch heute noch. In einer Hofeinfahrt bin ich einmal einer solchen Hopfets, die mit Kreide auf den Asphalt gemalt war, ansichtig geworden. Augenblicklich waren meine Gedanken in der Vergangenheit bei den Kindern vor der »Sonne« oder auf der Mühlenrampe, wo gefeilscht worden ist, wenn der geworfene Stein auf dem Kreidestrich zu liegen kam. Ich erinnere mich, wie die Umstehenden lauerten, um den kleinsten Fehler zu registrieren, und wie immer wieder neue Spielchen um die Kreidestriche erfunden wurden.

Die Brauereiwagen wurden von schweren Pferden gezogen. Wenn die Bierkutscher vor dem »Gasthaus zur Sonne« Halt gemacht haben und dort die Bierfässer vom Wagen auf eine dick gepolsterte Ledermatte plumpsen ließen, um die sperrigen Fässer dann umgehend in den Keller zu rollen, dann waren natürlich Hopfsoil, Stelzen, Ball oder Kreiseldopf nur mehr Nebensache. Gespannt haben wir Kinder die Geschäftigkeit der starken Männer verfolgt. Mit den umgebundenen Lederschürzen und dem Firmenzeichen der Brauerei über dem schwarzen Mützenschild waren diese Männer etwas ganz Besonderes. An der Deichsel des Wagens hängten sie eine hölzerne Futterkrippe ein, und die Pferde machten sich schmatzend und kauend über den Inhalt her. Wenn diese ihr Gebiss mit den langen gelben Zähnen zeigten und zu all dem noch laut wieherten und mit den Hufen scharrten, ängstigte mich das sehr.

An heißen Sommertagen wurden große Eisblöcke für die Kühltheke abgeladen. Elektrische Kühlschränke waren noch Wunschdenken. Wenn dann von den riesigen Eisstangen, die wegen der Hitze eiligst in den Keller geschafft wurden, kleine Stücke abgebrochen sind, stürzten sich die gaffenden Buben auf die kalten weißen Dinger und steckten sie uns Mädchen in den Rückenausschnitt der Bluse. Dass solche Neckereien nicht lautlos verliefen, muss nicht extra erwähnt werden.

Weil gerade so viele Gassenkinder beisammen waren, als der Bierwagen weitergezogen ist, kam auch jetzt keine Langeweile auf. Ein beliebtes Spiel war Fangerles. Mit lautem Gejohle »Eck om Eck oms Viereck!« raste eine wild gewordene Kinderschar immer wieder um die »Sonne«. Am Abend zu Hause bin ich getadelt worden, weil ein Mädchen doch nicht mit den Buben herumtollen soll und wir uns angeblich aufführten wie eine wild gewordene Gänseschar. Was mich wiederum wunderte; war es nicht schön, unbekümmert herumzutollen? Später habe ich allerdings gemerkt, dass es Ansichtssache ist, denn ich habe meine eigenen Kinder auch ermahnt, nicht so lautstark herumzualbern.

Schülerspeisung und Faltenröcke aus rotem Fahnentuch

Im Juni 1947 kamen wir Nachkriegskinder in den Genuss der Hoover-Schulspeisung. Herbert Clark Hoover (1929–1933 Präsident der USA) organisierte nach dem Zweiten Weltkrieg die Schülerspeisung in Deutschland.

An jedem Werktag ist im Untergeschoss der Gartenschule eine warme Mahlzeit mit Lebensmitteln, die von der Hoover-Organisation stammten, zubereitet worden. In großen Kannen ist um halb zwölf Uhr das Essen von den älteren Jungen in die Klassenzimmer geschleppt und portionsweise in die mitgebrachten Essgeschirre der Schulkinder geschöpft worden. Das Essen war, trotz des Hungers, für uns Schwabenkinder etwas gewöhnungsbedürftig.

Aus heutiger Sicht war der Speiseplan nicht sehr abwechslungsreich. Doch gab es immerhin einmal wöchentlich Gemüseeintopf mit ein wenig Fleischeinlage. Dienstags bekamen wir regelmäßig dünnen Kakao und eine Dampfnudel. Der Haferbrei war nicht ganz so beliebt, denn er erinnerte uns an den Haferschleimteller, der bei Muttern ausnahmslos und immer leer gegessen werden musste. Die Essgeschirre mitsamt Esslöffel an den Schulranzen gehängt, gehörten zum damaligen Straßenbild, wie heutigentags der Turn- oder Badebeutel der Schulkinder.

Wir lernten auch Exotisches kennen in Form von einer Portion Erdnüssen, Ölsardinen oder Eierspeisen aus Trockenei, aber auch, was ganz und gar unbeliebt war, eine helle, etwas dünne Kartoffelsuppe aus Trockenkartoffeln. An den Samstagen war meist schnelle Küche angesagt.

Die Zeit der Kindheit endete, und allmählich wurden wir zu jungen Damen. Sittsam untergehakt flanierten wir nun fast dreizehn Jahre alten Mädchen über den Schulhof. Die scherzhaften, oft derben Späße der Buben wurden abfällig kommentiert oder aber völlig ignoriert.

Überhaupt legten wir als angehende Fräulein nun mehr Wert auf unser Äußeres, wenngleich es da keinen großen Spielraum gab. Allenfalls ist von eingefärbten Betttüchern ein Rock geschneidert worden oder von x-mal aufgedröselten Herrenpullovern oder alten Westen mit viel Phantasie ein flotter Pullover entstanden. Aus ausgedienten Scheibengardinen sind Einsätze für zu eng gewordene Blusen gezaubert worden. Besonderheiten der Mode von anno 1946 waren Kleider und Röcke, geschneidert aus der in jedem Haus vorhanden gewesenen roten Hakenkreuzfahne, aus der das schwarze Kreuz herausgetrennt war. Die Phantasie der Hobbyschneiderinnen kannte keine Grenzen. Mit bunten Borten, gehäkelten Spitzen, Zackenlitzen und Stickereien sind diese Kleidungsstücke dann aufgemotzt worden.

Auch die Geschichte einer schicken Damenstrickjacke aus Mutters Mädchenzeit kann anhand von Briefen nachvollzogen werden. 1928 schrieb unsere Großmutter ihrer ältesten Tochter, die mit ihrer Familie im Osten Deutschlands lebte, dass sie in Nürtingen bei einer Strickerei drei Jacken für sich und die noch daheim wohnenden jüngeren Töchter bestellt habe. Noch etwas ist interessant in dem Schreiben von 1922, nämlich wie teuer die Kleidungsstücke während der Inflation in den zwanziger Jahren gewesen sind. Für 1200 Mark sind die Jacken bestellt worden. Zehn Tage später mussten 2100 Mark pro Jacke bezahlt werden.

Die teure Strickjacke hat damals meiner Mutter viele Jahre hindurch gute Dienste geleistet. Als das Kleidungsstück nun in die Jahre gekommen und unansehnlich geworden war und an den Ärmeln dünne Stellen aufwies, ist die Weste im Schrank auf der Bühne abgelegt worden. Bei Großvaters schwarzem Anzug und dem Umhängepelz, der einmal Mutters Mädchenstolz war und noch aus besseren Zeiten stammte, ruhte nun die Weste lange Zeit zwischen Mottenkugeln unbeachtet in der untersten Schublade des Schranks.

Für alte Lumpen, das heißt, nicht mehr gebrauchsfähige, löchrige und zerschlissene Kleidungsstücke, gab es Strickwolle im Tausch beim »Nähmariele«. So wurde der Textilladen nach seiner Inhaberin genannt. In jedem Haushalt gab es damals einen so genannten Lumpensack, der in größeren Abständen vom Lumpensammler abgeholt wurde. Mit lautem Ruf: »Lumpen, Eisen und Papier« zog er durch die Häuserreihen. Für geringes Geld, aber meistens nur für Glas- und geringwertiges Tongeschirr, tauschte der Lumpenmann Altmetall, Altpapier und Lumpen.

Wie schon erwähnt, ist damals überhaupt nichts »weggeschmissa worda«. Selbst das Papier der Tageszeitung, denn fast nur um solches handelte es sich beim Altpapier, ist zum täglichen Feueranzünden gebraucht worden. Illustrierte Zeitungen und Zeitschriften waren sehr selten und sind lange Zeit weitergereicht worden. Werbeschriften oder Postwurfsendungen waren unbekannt.

Beim Stöbern nach alten Lumpen auf unserer Bühne ist ein voll gestopfter Lumpensack zusammengekommen. Es war das, was auf den Hamstertouren bei den Albbauern nicht eingetauscht worden ist.

Für einen Sack voller Lumpen habe ich dann 500 g Wolle eingetauscht. Eigentlich war es kein richtiger Tausch, denn für alles, was damals eingetauscht werden konnte, musste immer auch bezahlt werden. Diese Tauschmittel dienten nur dazu, dass überhaupt etwas, unter dem Ladentisch hervor, zu bekommen war.

Mutters Damenweste, auf die wir beim Stöbern im alten Bühnenschrank gestoßen sind, und die einmal ihr ganzer Stolz war, konnte gut aufgedröselt werden. Weil sie mit der Maschine hergestellt war, konnte die Wolle immer nur bis zur nächsten Strickreihe aufgezogen werden, so dass nachher viele etwa zwei Meter lange Wollfäden immer wieder zusammengestrickt werden mussten. So sind also dank der eingetauschten Wolle vom »Nähmariele« und den aufgedröselten Wollfäden als Kontrastfarbe schicke Jacken für uns Mädchen entstanden.

An diese Jacken und ihren Werdegang wurde ich erinnert, als bei Mutters Haushaltsauflösung Großmutters alte handgeschriebene Briefe wieder zum Vorschein gekommen sind. Dieses Schriftgut hatte über eine sehr lange Zeit in unserer Schreibschublade seinen festen Platz. Es war für mich all die Jahre hindurch zwar gegenwärtig, jedoch völlig uninteressant, zumal für uns Jüngere die Sütterlinschrift sehr schwer zu entziffern war. Umso mehr haben mich diese Briefe viele Jahre danach gefesselt. Bis unsere Familiengeschichte und die Geschichten einfacher Leute und Arbeiterkinder mich so sehr interessierten, dass ich es für wert hielt, sie niederzuschreiben.

Dass wir jungen Mädchen nun Frauen wurden, das deutete unser Körper zart und allmählich an. Natürlich war mir bewusst, dass ich irgendwann auch einmal Frau und Mutter sein würde, aber jetzt schon? Ich war doch noch ein Schulmädel. Erst dachte ich, es wäre eine Krankheit, die sich da an meinem Körper zeigte. Mutter klärte mich dann auf, dass dies das ganz normale Wachstum von einem Mädchen sei. »Du wirst jetzt erwachsen, bist bald eine Frau, und es verändert sich noch mehr, nicht nur an, sondern auch in deinem Körper – wenn es so weit ist!« Sie führte mich an ihren Nachtschrank, öffnete die untere Lade und deutete auf einen Stapel Wäsche. »Wenn es so weit ist, hier sind Einlagen, die du dann brauchst!« Ja, ich habe diese Einlagen gekannt, die die Frauen brauchen! Aber wofür brauchen? Aufklärung fand nur hinter vorgehaltener Hand auf dem Schulhof statt. Vorerst aber war dieser angekündigte Einschnitt in mein Leben wieder verdrängt worden, und es verging noch einige Zeit, bis es dann so weit war.

… Dazu will erklärt sein, dass solche Themen noch eine lange Zeit für uns tabu gewesen sind, und dass wir noch einige Zeit die jungen Rotznasen waren.

Es war ein Geheimnis um Mann und Frau, etwas ständig Greifbares und doch so unendlich weit Entferntes. Woher sollten wir auch wissen, wie und wodurch neues Leben im Mutterleib heranwächst. Wenngleich uns allmählich, jedoch nur schemenhaft bewusst wurde, wie es zu einer Schwangerschaft kommt.

Zwar gab es Kino und somit auch Liebesfilme, aber um Gottes Willen doch nicht für die heranwachsende Jugend. Obwohl in einem Liebesfilm höchstens einmal ein scheuer Kuss zu sehen war, sind die meisten Filme nicht »jugendfrei« gewesen, und das hieß damals, man musste über achtzehn Jahre alt sein, um den Film sehen zu dürfen.

Meine Finger sträuben sich, diese Zeilen überhaupt zu schreiben, zumal ich selbst, wäre ich heute jung, das alles nicht glauben könnte. Heute sind junge Leute ab zehn Jahren selbstbewusste junge Erwachsene, die gesiezt werden wollen. Davon wagten wir damals nicht einmal zu träumen, wir waren halt die jungen Rotznasen.

Viele Fragen bleiben unbeantwortet, zum Beispiel, wie solch immense Veränderungen im Denken und Handeln, nicht nur im geschlechtlichen, sondern auch im menschlichen Miteinander, in einer Zeitspanne von kaum fünfzig Jahren Platz finden können. Dass diese Freizügigkeit gewachsen sein soll wie ein Baum, kann nicht glaubhaft erzählt werden. Eher dünkt es mich, als ob ein »Simsalabim« nach einer Zeit der Not und des Verzichts diese Kultur der Sinne nach 1945 erstehen ließ.

Zurück zu den angehenden jungen Damen auf dem Schulhof in den Jahren 1947/48.

Die Holzsandalen waren nun der jungen Dame nicht mehr würdig, die trug man allenfalls noch bei der Arbeit oder beim Spielen. Auch das Spielen ist nun sittsamer geworden, denn junge Damen tobten nicht wie Gassenjungen auf dem Schulhof. Die Interessen änderten sich.

Im Kino sind die ersten amerikanischen Spielfilme gezeigt worden. Gregory Peck, Rock Hudson und Stewart Granger, das waren die Helden, von denen die Jugend damals schwärmte. Doch leider waren diese oft freizügigen Amifilme nicht jugendfrei. So mussten wir uns mit den illustrierten Filmprogrammen, die an der Kinokasse für zehn Pfennige gekauft werden konnten, begnügen. Etwas später haben wir uns dann im Gedränge am Türsteher vorbeigemogelt und sind so in den seltenen Genuss eines amerikanischen Liebesfilms gekommen. Neben den alten Filmprogrammen mit Zarah Leander, Marika Röck, Willi Birgel, Heinz Rühmann und Theo Lingen stapelten sich nun auch solche aus der »Neuen Welt«, sprich Hollywood. Waren für die männliche Jugend Cowboys, Lassos, Degen und Colts von Interesse, so schwärmten wir Mädchen von schwarzweiß flimmernden, schnulzigen Revue- und Liebesfilmen.

Eindünsten, Spätzleschaben und Lebkuchenbacken

Als angehende Hausfrau galt es nun auch, bei der Hausarbeit zu helfen. Wir mussten kochen und backen lernen. Ja, regelrecht erlernen mussten die Mädchen damals das Kochen. Vor allem Spätzle schaben war Pflicht eines jeden Schwabenmädels. So zu kochen, wie dies heute schon in den Kindergärten praktiziert und tagtäglich im Fernsehen zur Schau gestellt wird, war damals undenkbar. Tägliche Mahlzeiten zu bereiten dauerte oft Stunden und begann erst einmal mit Feuer anmachen. Außer Maggi-Würze und »Päcklessuppen« standen so gut wie keine Fertigprodukte zur Verfügung. Großmutters Kochbuch mit ihren handschriftlich überlieferten Rezepten wurde während des Jahres wenig benutzt. Es stand dekorativ im Regel herum; es schien uns nicht einmal wert zu sein, darin zu blättern.

Doch bei der Weihnachtsbäckerei kam das schlaue Buch von der Großmutter zum Einsatz. Da gab es nun Kleie- oder Haferflockenbrötchen, mit Rübensirup gesüßt, Ausstecherle, Albertle und Lebkuchen. Nach den Hausrezepten der Großmutter gebacken, machten diese »Standardbrötle« neben Äpfeln und Nüssen die Palette des Weihnachtstellers aus.

Über Wochen hinweg ist Zucker und Mehl gehortet worden. Eier, die es in der kalten Jahreszeit nicht gab, sind in einem großen Steinguttopf mit Wasserglas gefüllt eingelegt und so haltbar gemacht worden. Mit dem kostbaren Energielieferanten Ei ist im Winter sparsam umgegangen worden, ausschließlich für Spätzle und eben für die Weihnachtsbäckerei wurden sie verwendet.

Extra für die Weihnachtsbäckerei gab es auch eine Sonderzuteilung von Butterschmalz. Ein großer Blechkanister aus amerikanischen Militärbeständen stand auf dem Ladentisch direkt neben der Waage, die damals das wichtigste Utensil in einem Krämerladen, einem so genannten Gemischtwarenladen, gewesen ist. Aus diesem zerbeulten Blecheimer ragte der hölzerne Stiel heraus. So präsentierten sich damals die »Sonderzuteilungen«. Zu bestimmten Zeiten wurden entweder Marmelade oder Quark oder eben Butterschmalz »aufgerufen«.

Mit ein paar Fettmärkle im Wert von 300 g und einer großen Schüssel in meinem Einkaufskorb habe ich mich auf den Weg zu einem Lebensmittelladen in der Nachbargemeinde Köngen gemacht, von dem gesagt wurde, dass das begehrte Butterschmalz noch nicht ausverkauft war. Weil in jedem

Geschäft nur eine gewisse Menge abgegeben werden konnte, und weil wir die Zuteilung in unserem Stammgeschäft schon erhalten hatten, habe ich den weiten Weg auf mich genommen. »Ja Mädle, was witt denn du bei ons!« so empfing mich die behäbige Frau in ihrer hellen Schürze und mit dem dicken Haarknoten im Nacken. »Du g'hörscht doch et zu meiner Kundschaft – wo g'hörscht denn du na!« Natürlich wollte die gute Frau das ihr zugeteilte wenige Butterschmalz nur ihren Stammkunden zukommen lassen. Nach erschöpfender Auskunft meinerseits, wem ich »gehöre« und wo ich wohne, klatschte die gute Frau mit besagtem Holzlöffel das schmierige Etwas in die mitgebrachte Schale. Exakt 600 g wies der Zeiger auf der Skala der großen Waage aus, nachdem die Frau noch einen winzigen Klacks abgeschöpft hatte.

Keine nostalgische Lobhudelei ist es, wenn die weit zurückliegende Jugend mitsamt ihren widerwärtigen Eigenheiten als schöne Erinnerung beschrieben wird; hat doch jeder Mensch seine eigenen verklärten Erinnerungen, sollte die Zeit im Nachhinein auch noch so übel erscheinen.

»Eine Stunde schaumig schlagen!« so hieß es im Kochbuch der Ahne. Zur Adventszeit gehörte nun einmal die schon erwähnte Weihnachtsbäckerei. Schließlich hat man vorher gespart und mit jedem Gramm Zucker und Mehl geknausert. Statt drei Eier für den Spätzleteig am Sonntag gab es in der

Adventszeit nur zwei Stück von den kostbaren Dingern. So haben wir am späten Nachmittag in der warmen Wohnstube mit Begeisterung gerührt, geschlagen, geknetet und natürlich auch genascht.

Mein Bruder entlockte, mehr schlecht als recht, seiner schon arg abgegriffenen und zerbeulten Mundharmonika, die er ständig in seiner Hosentasche trug, die schönsten Melodien. Mit Hingabe haben wir Adventslieder, aber durchaus auch Frühlings- und andere Lieder gesungen.

Es war schon später Abend, als wunderschöne Kreationen von Teiglingen dekorativ auf den großen Backblechen lagen. Über Nacht mussten die Brötle abtrocknen, ehe sie am frühen Morgen zum Bäcker gebracht werden konnten. Dort standen bereits viele gefüllte Backbleche in den Regalen. Die Nachbarn hatten den vorherigen Abend ebenfalls mit Rühren, Schlagen, Kneten und Ausstechen von Sternen und Halbmonden zugebracht.

Zusammen mit Nachbarsfrauen, deren Männer ebenfalls im Krieg waren, haben wir viele dunkle Winterabende in der warmen Stube verbracht. Wie beim Brötlebacken hatten die Buben Gelegenheit, ihr Können auf der Mundharf zu demonstrieren. Bei Handarbeiten und Gesang, aber auch mit Scherzen, waren dies immer kurzweilige schöne Abende. Auch Klatsch und Tratsch blühte in einer Zeit, da unbedingter Zusammenhalt der daheim gebliebenen Frauen angebracht gewesen wäre.

Doch vielleicht ist gerade ein bisschen Tratsch – in Grenzen gehalten – die Würze des Lebens; ja, auch in Notzeiten, damals wie heute!

Bis 1948, also bis zur Währungsreform, war unser Speiseplan recht dürftig. Der Gmoidstoil bei Bodelshofen und das Gärtchen beim Haus lieferten Tomaten, Gurken und Rettiche. Als Salat zubereitet, mit Brat- und Pellkartoffeln, machten sie zur Sommerzeit die Hauptmahlzeiten aus.

Im Spätsommer waren die Hausfrauen damit beschäftigt, Gemüse und Früchte zu konservieren. An Einfrosten wurde noch kein Gedanke verschwendet, überhaupt war elektrische Kühlung noch lange kein Thema. Der tiefe Keller im Haus diente als Kühlkammer und somit als Vorratsraum für Lebensmittel. Mit vielen Einmachgläsern gefüllte Vorratsregale waren der Stolz einer jeden Hausfrau. Was wurde da nicht alles eingeweckt, eingekocht, eingelegt, getrocknet und gedörrt!

Erdbeeren gab es noch nicht so üppig. Nur wenige, nicht sehr ertragreiche Pflanzen in unserem Gärtchen beim Haus lieferten allenfalls kleine Portionen zum Naschen.

Mit zwei großen Weidenkörben sind wir an einem frühen sonnigen Morgen mit dem Zügle »In die Kirschen« nach Neuffen gefahren. Am Tag zuvor teilte uns unsere Nachbarin aufgeregt mit, dass sie in Nürtingen eine warme Wolldecke ergattert habe (heute würde man Schnäppchen dazu sagen). »Wie das?« fragten wir erstaunt. Ja, das war der Haken, 60 Punkte von der Kleiderkarte musste sie dafür opfern. Aufgeregt wurden unsere Kleiderkarten inspiziert, wir hatten ja derer sechs Stück. Tatsächlich standen noch etwas mehr als sechzig Punkte zur Verfügung. Eigentlich waren sie für Winterkleidung gedacht. Nun aber nix wie nach Nürtingen geradelt!

Tatsächlich kam die Mutter am Abend mit einer Decke an, die in braunes, grobes Packpapier eingeschlagen auf dem Gepäckträger ihres Fahrrades steckte. Schwer und kratzig war das teure Stück und sehr unansehnlich in Grau mit braunen Streifen an der oberen und unteren Kante. Weil jedoch die Ansprüche recht bescheiden waren, und die Decke als Zahlungsmittel für die so notwendigen Kirschen gebraucht worden ist, störte dies weniger.

An nächsten Abend, nach einem schweren Arbeitstag beim Kirschenpflücken, waren wir die Wolldecke los. Dafür waren unsere Körbe prall gefüllt mit Kirschen, die sorgfältig mit frischen grünen Zweigen abgedeckt waren.

Im Dampfzügle nach Nürtingen haben wir gerade noch einen Sitzplatz ergattert. In den Gängen behinderten abgestellte Obstkörbe das Durchkommen. An jeder Haltestelle spielte sich dasselbe ab: Die Körbe wurden durch die Fenster auf den Bahnsteig gereicht. Eine Frau rief ihrem Karl zu:

»Komm, komm doch raus, d'r Zug fährt glei los!« Ein kleines Kind rief nach seiner Mama, dann leierte der Bahnhofsvorsteher sein Sprüchle herunter: »Zurücktreten vom Bahnsteig, Türen schließen! Ja, was ist denn des? So steiget se doch ai, Fraule, kommet se, i helf ihne!« Schon hob der Bah'wärter sein Täfele und ein schriller Pfiff signalisierte freie Fahrt.

Beim Umsteigen in Nürtingen gab es einige Turbulenzen im Gedränge auf dem Bahnsteig. Noch mehr Mühe jedoch hatten wir beim Einsteigen in den überfüllten Anschlusszug nach Stuttgart. Auf der hintersten Plattform stehend haben wir mit den prallvoll gefüllten Kirschkörben die Strapazen des Tages vollends überstanden. Unser kleines Handwägele stand noch am selben Platz, an dem wir es am frühen Morgen abgestellt hatten. Es war stockdunkel bis wir endlich zu Hause ankamen.

Am nächsten Tag, als wir Kinder von der Schule gekommen sind, war Mutter mit Eindünsten beschäftigt. Alle Kirschen waren abgezupft und zum Teil entkernt. In einem großen Topf auf dem Herdfeuer dampfte leicht strudelnd die Marmelade. Auf dem Küchentisch standen in Reih und Glied gefüllte Einmachgläser, mit Gummiringen und Klammern versehen. Im Deckel des großen Kessels auf dem Herd steckte das Einmachthermometer und ragte wie ein Kamin in die Höhe. Bestimmt würde es noch einige Zeit in Anspruch nehmen, bis die auf dem Tisch bereitgestellten Einweckgläser durch den Apparat geschleust sein würden. Jeweils fünf Stück passten in den Einsatz des Topfes.

So begann das Einmachjahr, es folgten Johannisbeeren, Stachel- und Himbeeren. In Verbindung mit Sonntagsausflügen sind in den Wäldern Brombeeren gesammelt worden. (Auch daran sind Erinnerungen, ähnlich wie die des Buchelesammelns geknüpft.) Der Lohn für zerkratzte Arme und Beine fand in einer Zwei-Liter-Milchkanne Platz. Zusammen mit den Träuble und Stachelbeeren vom Gärtle ergaben die Brombeeren ein besonders aromatisches G'sälz. So häuften sich die Gläser mit dem Eingemachten im Regal, das im dunklen kühlen Treppenhaus seinen Platz hatte.

Nicht nur Beeren sind eingemacht worden. Auch Gemüse, vorwiegend grüne Bohnen und Essiggurken gehörten in den Vorratsschrank eines gut geführten Haushalts. Unzählige Flaschen, abgefüllt mit Tomatenmark, waren einmal nach einer Tomatenschwemme der Hit des Jahres. Wenn im Herbst noch leere Weckgläser vorhanden waren, sind diese mit Apfelmus aus Fallobst gefüllt und eingemacht worden.

Apfel- und Birnenringe, auf Schnüre aufgefädelt, sind zum Dörren oder Hutzeln in die Sonne gehängt worden. Meistens unter die Fenster, weil sie ja in den schon kühlen Nächten wieder ins

Zimmer genommen werden mussten. Solche mit Obstgirlanden geschmückten Häuser gehörten zum Ortsbild der damaligen Zeit.

Bei meinem ersten Backversuch probierte ich, einen Welschkornkuchen zu backen. Maismehl, auch Welschkorn genannt, war der Inhalt eines großen Carepakets. Maismehl oder Maisgrieß war im Schwabenland überhaupt nicht bekannt. Deshalb ist experimentiert worden, und tatsächlich kam ein gut schmeckender Rührkuchen zustande. Das Welschkornmehl reichte über eine lange Zeit für den Sonntagskuchen, den ich ab nun backen durfte.

Auch Kochen war nun angesagt. Du liebe Güte! Kochen hieß erst einmal Gemüse putzen, im Winter Linsen und Kernbohnen auslesen, im Herbst Sauerkraut hobeln und einlegen. Als ich meinen ersten Sonntagsbraten bereiten durfte, und der auch noch allen vorzüglich schmeckte, war ich natürlich sehr stolz. Beim Spätzleschaben musste ich mich noch bewähren, dies gelang nicht auf Anhieb.

Socken wachsen aus dem Boden vom Waschzuber

Zu den Aufgaben einer Frau gehörte auch der Waschtag. Ein Waschtag begann schon am Abend zuvor, die Wäsche ist die Nacht über in Sodawasser eingelegt worden. Am nächsten Morgen wurde im Herd schon frühzeitig Feuer gemacht und Wasser aufgesetzt. Die Wäschestücke im Zuber (Wanne) sind per Hand oder auf dem Waschbrett gerubbelt worden. Auf dem Herd dampfte der große Waschkessel, darin ist die Weißwäsche ausgekocht worden.

Meine Aufgabe war es, die Wäsche, die nicht gekocht werden konnte, mit der Hand auszuwaschen, also Strümpfe, Socken, Pullover und Wollschals. Da stand ich nun vor dem Riesenzuber und rubbelte mit Kernseife Stück für Stück. Die Waschlauge wurde immer dicker und dunkler und die Kernseife in der Seifenschale immer dünner. Es schien so, als wüchsen aus dem Boden des Zubers mehr und mehr Strümpfe nach. Endlich kam die Mutter zu Hilfe, und ich durfte den Spülgang übernehmen. Das hieß, die ganze Herrlichkeit nochmals Stück für Stück durch klares Wasser ziehen und wringen und wringen und wringen. Meine Arme und Hände wurden müde, die Tränen ließen sich fast nicht mehr zurückhalten. Am Nachmittag flatterte die Wäsche dann im Garten an der Leine.

Einmal im Monat ist die große Wäsche mit einem Handwagen zur nahe gelegenen Wäscherei gekarrt worden. Dies war nun kein Waschhaus im herkömmlichen Sinn oder gar ein dampfender und qualmender Waschkessel im Freien, wie dies in vielen Haushalten üblich gewesen ist. Nein, der Waschsalon war für damalige Zeiten schon sehr fortschrittlich und modern eingerichtet. Eine elektrische Waschmaschine (eigentlich war es eine überdimensionale Wäschetrommel), gekachelte Waschbecken, große Tische und kleine Rollwagen zum Transport der nassen Wäschestücke standen zur Verfügung. Das Herzstück jedoch war die elektrische Wäscheschleuder, die inmitten der Waschküche fest im Fußboden verankert gewesen ist. Als kleines Weltwunder habe ich dieses Ding eingestuft, dessen Deckel sich erst öffnen ließ, wenn der Schleudergang vollkommen beendet war. Fast trockene Wäschestücke, in zwei große Waschkörbe einsortiert, waren das Endresultat von ein paar nicht allzu anstrengenden Arbeitsstunden.

Im selben Haus wie die Wäscherei befand sich auch eine gewerbliche Badeanstalt. Etwa fünf Wannenbäder standen für eine geringe Nutzungsgebühr zur Verfügung. Am Wochenende mussten lange Wartezeiten in Kauf genommen werden. Ich glaube mich erinnern zu können, dass dreißig Minuten Badedauer fünfzig Pfennige gekostet haben. Für die sechs Personen unserer Familie war dies ein hoher Betrag, deshalb war samstags Badetag in unserer Küche. Diese Badetage sind eine weitere schöne Erinnerung an meine Kinderzeit.

Am Samstagnachmittag knisterte das Feuer im Küchenherd und verströmte eine angenehme Wärme. Der riesige Wasserkessel summte leise vor sich hin. Der Küchentisch ist zur Seite gerückt worden, um der sperrigen Badewanne Platz zu machen. Mit einem Schäpfle, einem kleinen Blechbehälter mit langem Stiel, ist heißes Wasser aus dem Herdschiff und aus dem großen Kessel geschöpft und kaltes Wasser aus dem Hahn nachgegossen worden.

Badezusätze waren fremd. Auf dem Küchenhocker, der als Ablage diente, lag in einer Porzellanschale ein Stück »Feinseife«. Feinseife hob sich durch einen winzigen Hauch von Duft deutlich von der ordinären Kernseife ab. Shampoo kannten wir nur als Pulver, das mit Wasser zu einem Brei angerührt worden ist. Als Haarkur und Spülung diente ein Schäpfle voll mit Essigwasser.

In unseren frischen Nachthemden, einen Handtuchturban um die nassen Haare gewickelt (einen Föhn gab es noch nicht), saßen wir nach dem Bad am Stubentisch, auf dem eine Kanne mit Kakao dampfte. Der Laib Weißbrot mit seiner braun glänzenden Kruste, der am Vormittag gebacken worden war, lag in der Mitte des Tisches. Mit einem großen Brotmesser schnitt Mutter etwas dickere Scheiben als gewöhnlich ab. Am Badetag wurde uns das Brot nicht so streng zugeteilt wie dies sonst üblich war. In meinen Kindheitserinnerungen nehmen diese Badetage einen genauso großen Teil ein wie die unangenehmen Pflichten, wie etwa Ähren lesen, Zeitungen austragen, Wäsche waschen oder sechs Paar Schuhe putzen.

Zu den unangenehmen Pflichten meiner Kindheit gehörte auch das Anstellen vor dem Konsum, wenn Sonderzuteilungen aufgerufen waren. An einem frühen Vormittag, als ich für Salzheringe anstehen musste, entwickelte sich ein handfester Streit. Zwei Frauen gifteten sich gegenseitig lautstark an, ein älterer Herr mischte sich ein und versuchte zu schlichten. Da traf ihn auch schon ein kräftiger Hieb mit der Einkaufstasche einer dritten Frau. Allgemeiner Tumult entstand, als sich der Schlichter benommen auf der Treppe niederließ. Die Verkäuferinnen haben einfach den Laden dicht gemacht, indem sie die Fensterläden und die Türe geschlossen haben. Der Landjäger hat den »wilden Streik« damals beendet, die Streithähne in der Warteschlange wurden ohne Salzheringe des Ortes verwiesen.

»Wie einst Lilli Marleen!« – Logenplatz auf der Feuerspritze

An der Ecke Brückenstraße und Schwenkgasse stand zwischen zwei Wohnhäuser eingeklemmt eine alte Scheune, die der Gemeinde gehörte und nicht mehr landwirtschaftlich genützt worden ist. Durch eine kleine Türe im Vorderhaus, in dem meine Freundin wohnte, konnten wir in die Scheune gelangen. Dort durften wir mit Erlaubnis ihrer Mutter, die übrigens immer ein wachsames Auge auf uns hatte, spielen. Was für ein Kinderparadies diese alte Scheune gewesen ist, muss nicht besonders erwähnt werden. In heutiger Zeit schwer vorstellbar – eine Ruine als Kinderspielplatz!? Mehr als eine Ruine war das zerfallene Gemäuer nicht mehr, an manchen Stellen fehlten die Ziegel und es regnete durch das offene Dach. Eine große Garage im alten Rathaus diente zwar als Spritzenhaus, doch die Feuerspritze war zeitweise in der alten Scheune untergebracht.

In dem verfallenden Gemäuer hatte nun jedes Kind seine Spielecke. Dort gab es zum Beispiel einen Einkaufsladen, der bestückt war mit bunten Stoffresten, Glasperlen und Kastanien. Auch Löwenzahngemüse und Sandkuchen, belegt mit Blütenblättern, wurde in unserem Laden angeboten.

Der Höhepunkt aber war eine Theateraufführung, die wir ganz alleine inszenierten, mit Proben und Kostümen, ganz so »wie im richtigen Leben«. Sogar Eintrittskarten aus Pappe wurden ausgeschnitten und beschriftet: »Theater in der Gemeindescheuer – Eintrittspreis 30 Pfennige«.

Wider Erwarten kamen viele Kinder als Zuschauer, die allesamt den Logenplatz auf der Feuerspritze einnahmen. Unsere Darbietungen beschränkten sich auf Tänze. In wallenden Gewändern schwebten wir um die Feuerspritze und sangen mit Begeisterung, von untermalenden Gesten begleitet, ein Lied, das regelmäßig am Sonntagvormittag im Radio zu hören war. Ohne den tieferen Sinn des Textes zu begreifen, schmetterten wir mit Inbrunst: »Wie einst Lilliii Marleeen!«

Am 28. Juni 1948 bekamen wir neues Geld. Schon Tage zuvor gab es nichts mehr zu kaufen. Zigaretten und Waren für den täglichen Gebrauch wurden in den Läden zurückgehalten, um am Tag X mit gefüllten Regalen beginnen zu können.

Am späten Vormittag kam unsere Mutter mit den neuen Geldscheinen vom Rathaus zurück. Alle ihre Kinder saßen um den Tisch, als sie die neuen Scheine auspackte. »Des soll Geld sei?« so fragte ich erstaunt und blickte auf die schlichten Papierle, die auf der Tischdecke lagen. In einem schwarzen Rahmen stand mit schörkeligen Buchstaben geschrieben: »Zwanzig Deutsche Mark«.

240 DM lagen nun da, und wir wussten nicht so recht, wohin mit den noch verbliebenen Lebensmittelmarken. Jetzt konnte also beim Bäcker ohne diese Brotmarken eingekauft werden! Solange ich denken konnte, waren diese Wundermarken die wichtigste Währung gewesen, und nun sollte einfach »nur« mit Geld eingekauft werden können. Ich habe die Welt nicht mehr verstanden. Es war nun nicht so, dass urplötzlich der Luxus begann. Zwar gab es vieles, doch eben noch nicht alles zu kaufen. Bescheidene Warenangebote warteten vorerst noch auf Käufer, denn das Geld wurde erst einmal zurückgehalten. Man wusste ja nicht, wie sich die Sache entwickeln würde.

Das änderte sich mit den allerersten DM-Lohnzahlungen. Mein erster Luxus der Nachkriegszeit war ein kleines Tütchen mit sage und schreibe vier Bombola für 10 Pfennige. Dass Obst und Gemüse im Laden verkauft wurden, war noch weitgehend fremd.

1942 sind bei einem Fliegerangriff auch zwei Bauernhäuser in der Brückenstraße zerstört worden. Die Ruinen blieben über lange Zeit unberührt. Der Schutt war noch nicht weggeräumt, als gleich nach der Währungsreform eine Familie zwischen zertrümmertem Mauerwerk angefangen hat, frisches Obst zu verkaufen. Erst wurde direkt aus einem Handwägele heraus verkauft, später dann in einer selbst gezimmerten Baracke. Die ersten Südfrüchte wurden angeboten. Was für eine Pracht! Goldene Orangen und gelbe Bananen wurden, o Wunder, auch in der kalten Jahreszeit im tiefsten Winter verkauft. Das Schlaraffenland aus dem Märchenbuch schien greifbar nahe zu sein.

Als ich später eigenes Geld verdiente, konnte ich mir öfter eine von den Südfrüchten leisten. Auf dem Heimweg von der Arbeit führte mein Weg an der Obstbaracke vorbei, und ich konnte nicht widerstehen, immer wieder eine Orange zu kaufen. Was diese Wunderfrucht gekostet hat? Ich weiß es nicht mehr. Nach den Orangen kamen die Ananas, zwar noch in der Dose, aber immerhin ein kleines Weltwunder an Aroma und Geschmack. Bald wurden auch Gemüse und Kopfsalat angeboten. Kopfsalat – wenn draußen Schnee lag! Das war eine Tatsache, die erst verwunderte, und an die wir uns doch so sehr schnell gewöhnten.

In Vorfreude auf meine Konfirmation

Neunzehnhundertneunundvierzig – langsam wurde die Pforte ins Erwachsenenleben durchschritten, hinter der vermeintlich das Leben erst anfing. Erwachsen zu sein war das erstrebenswerteste Ziel überhaupt. Die Grenzen waren noch markant gezeichnet: Kinder – Jugendliche – Erwachsene. Wie wünschten wir uns, endlich mitreden zu dürfen, aber erwachsen werden hieß noch lange nicht, volljährig zu sein. Erst einmal waren wir die Konfirmanden. Neben dem Pflichtfach Religion stand nun jede Woche »Konfirmandenunterricht im Brennerstüble« auf dem Stundenplan. Damals hieß es noch Konfirmandenunterricht. Mit dem Ausdruck »Konfis« galt es, sich erst viele Jahre später anzufreunden. Wie überhaupt »Kiga« oder »Kindi« und all die unsinnigen Abkürzungen der immer selbstbewusster werdenden Kids sehr gewöhnungsbedürftig waren.

Der Tag unserer Konfirmation rückte näher. Um im Wald Tannenreisig für den Kirchenschmuck zu sammeln, ist Schule geschwänzt worden. Wahrscheinlich ist es aber so gewesen, dass unser Lehrer, Herr Mayer, stillschweigend sein Einverständnis für diese Aktion gab.

Der Kirchturm und die Fenster unserer Kirche wollten gemäß der Tradition geschmückt sein. Dafür sind in mühevoller Arbeit Kränze und Girlanden gebunden worden. In jedem Jahrgang fanden sich Eltern, die einen Schuppen oder eine Scheune dafür zur Verfügung stellten. Steckmasse für Tannenkränze war noch unbekannt. Das Material, damals noch überwiegend Tannenreisig, ist um einen Metallreif geflochten und gebunden worden. Aber woher solche Reifen nehmen? Es blieb uns keine Wahl, als die Friedhofsmischte abzusuchen und die Ringe von ausgedienten Kränzen zu pulen. Blumen aus weißem Krepppapier sind unter fleißigen Mädchenhänden in vielen Nachmittagsstunden entstanden. Damit sind Girlanden, Kränze und Tannenbäume dekoriert worden.

Weithin sichtbar grüßte der Kirchturm, geschmückt mit Tannenkränzen und Girlanden, von der Höhe im Städtle hinunter. Auch der Aufgang zur Kirche war verschwenderisch mit Tannenbäumen und Girlanden, an denen die weißen Blumen um die Wette leuchteten, geschmückt.

Am Freitagnachmittag vor der Einsegnung ist von uns Mädchen mit Seifenlauge und Wurzelbürste, auf den Knien rutschend, der Fußboden in unserer Kirche geschrubbt worden. Anschließend wurde unter den gestrengen Augen der Mesnerin mit viel Liebe der Altar geschmückt.

In Erwartung meines Konfirmationstages, an dem ich die Hauptperson sein würde, lag ich noch lange mit meinen Gedanken wach im Bett. Was käme danach? Eine Lehre zu machen und ein Handwerk zu erlernen blieb den Buben vorbehalten. Sie würden einmal eine Familie zu versorgen haben, den Mädchen blieb nur, den richtigen Mann zu finden. Wie gerne hätte ich eine Lehre als Verkäuferin gemacht, auch der Beruf der Kindergärtnerin war ein Herzenswunsch, aber dazu mangelte es am Schulgeld. Für eine Ausbildung ihrer Töchter fehlten vielen Eltern damals die finanziellen Mittel.

Ich beobachtete von meinem Bett aus den Mond, der als große Scheibe hinter dem Giebel der Mühle sichtbar wurde. Langsam schob er sich vorwärts, bis der Raum in hellem Mondlicht glänzte. Mein Blick fiel auf das schwarze Kleid, das auf einem Bügel an der Schranktüre hing. Über der Stuhllehne lag, zusammen mit den Seidenstrümpfen, mein schickes, hellrosafarben glänzendes Unterkleid mit einer breiten oval zulaufenden Spitze am Ausschnitt.

Es war das erste seidene Etwas, das ich besaß, nach all den dicken, baumwollenen Dingern, die meine Mutter ständig mit den Worten pries: »Die halten schön warm!«

Synthetische Fasern waren noch unbekannt. Die ersten Nylonstrümpfe gab es Anfang der Fünfziger Jahre zu kaufen. Ein Paar kostete damals 25 bis 30 DM, ein noch lange unerfüllbarer Wunschtraum für Frau Normalverbraucher mit einem Monatseinkommen von circa 100 DM bei einer 48-Stunden-Woche.

Mein nagelneues Gesangbuch lag auf dem Nachttisch. Es war ein anspruchsloses, schwarzes Büchlein, in einen billigen Pappkarton ohne Goldprägung gebunden; nicht einmal ein Bändchen für die Seitenmarkierung gab es. Die weiße Ansteck-nelke, die in der Vase auf dem Tisch stand, ja, die war schick. Natürlich würde auch mein Kleid zu den schönsten gehören; da war ich mir ganz sicher, denn schließlich war es mit einer hellen Stickerei versehen, was den damaligen Gepflogenheiten ganz und gar nicht entsprach. Ein Konfirmandenkleid hatte gefälligst schwarz zu sein.

Meine Gedanken beschäftigten sich nun mit dem eigenen G'sangbüchle. In der Buchbinderei Sommer waren diese G'sangbüchle ausverkauft. Mutter tröstete: »Ich schenke dir meines!« Darüber hätte ich nun stolz sein müssen, denn das Büchlein, das von 1922 stammte, war mit einem goldenen Kreuz auf dem feinen Ledereinband versehen. Doch bestand ich darauf, ein neues eigenes Gesangbuch zu bekommen. Also ist in letzter Minute noch eines bestellt worden.

Heute Vormittag habe ich nun mein Gesangbuch abgeholt. »Hoscht du koi Dote, mo dir des schenkt?« hat die Buchbinderin Sommer gefragt. »Freilich hänt mir a Dote!« so ereiferte ich mich und habe dann der alten Frau erzählt, dass feine Seidenstrümpfe und ein seidener Unterrock das Geschenk meiner Patin seien. »Weil die Dote doch in einer Strumpffabrik schafft!« fügte ich wichtig hinzu. Die Buchbinderin murmelte etwas von neumodisch, sündigem Zeugs, und dass solche Unterwäsche ein arger Frevel sei. Sie faselte auch etwas von bleibender Erinnerung an das Patengeschenk, und dass die schönste Garderobe vergänglich sei. Das Konfirmanden-G'sangbüchle sei doch das Patengeschenk und ein wichtiger Begleiter durch das Leben eines jeden Menschen.

Sie sagte noch etwas, das ich bis heute nicht vergessen habe. »Wenn du amol ganz traurig bist, no musst du senga ond beta, no wird älles wieder gut!« Hätte ich doch den gut gemeinten Rat der alten Frau immer befolgt, denn viel zu oft diktierten Schicksalsschläge und Trauer mein Leben. Wie kann man bei Traurigkeit singen, überlegte ich noch kurz, als sie mir das schwarze, kleine Büchlein mit den Worten überreichte: »Also no griegscht du dei G'sangbuch von mir geschenkt!« Sie schob mir die sechs Mark, die abgezählt auf dem Ladentisch lagen, wieder zu. Einen Augenblick dachte ich an die Zigarrenkiste, die ich einmal von der guten Frau bekommen habe und in der jetzt neben den glänzenden Albumbildle und den Scherenschnitten die Fotografien von Filmstars deponiert waren.

Meine Gedanken purzelten wild durcheinander. Trotz der aufkommenden Müdigkeit wollte ich wach bleiben, also bin ich aufgestanden und barfüßig durch die Küche in die Wohnstube geschlichen. Das Mondlicht warf die Schatten der Fensterkreuze auf den frisch gescheuerten Fußboden. Ich setzte mich in den Korbsessel, der am Fenster zur Straße hin stand und schaute zu unseren Konfirmationstannen am Kirchabuggel hinüber. Die Augen wollten mir zufallen. Doch fest entschlossen wach zu bleiben, hielt ich tapfer durch. Als ich Stimmen vernahm, die allmählich näher kamen und sich mit verhaltenem Kichern mischten, schreckte ich auf. Junge Burschen, die nur ein paar Jahre älter waren als wir Konfirmanden, sind auf dem Heimweg vom Stammtisch im »Gasthaus zum Adler« gewesen. »Ja was ist denn des?« so flüsterte ich leise vor mich hin; machten sich die frechen Kerle doch tatsächlich an unserer festlichen Konfirmanden-Dekoration zu schaffen. Die tags zuvor so liebevoll in die Tannen gebundenen weißen Rosen waren das Ziel ihrer Begierde. Mit einiger Mühe »pflückten« sie sich einige der Papierblumen von den Bäumchen. Dann haben sie sich eilig in Richtung Lauterbrücke aus dem Staub gemacht, jeder mit einer Blume im Knopfloch. Ihr Kichern und Flüstern ging in lautes Gelächter über, und der Wind trug die letzten Sprachfetzen der bösen Buben durch die Nacht.

Nach diesem nächtlichen Spuk ist es letztlich in meinem Sessel langweilig geworden, und mein Vorsatz, in der Nacht wach zu bleiben, schwand immer mehr. Irgendwann muss ich im Halbschlaf ins Bett geschlüpft sein. Am Morgen danach war mein erster Gang zum Stubenfenster, um nach den ihres Schmuckes beraubten Tannen zu schauen. Doch wegen der Vielzahl der aufgesteckten Papierblumen war keine Spur von dem nächtlichen Treiben der Frevler zu sehen. Mit einem zärtlichen Blick auf meine Anstecknelke in der Vase wollte ich in die Küche gehen, wo schon das warme Waschwasser in der Emailleschüssel dampfte. Wie vom Blitz getroffen starrte ich auf den Tisch! Steckte doch da eine weiße Papierblume mit ihrem Drahtstiel in trauter Gemeinschaft mit meiner Anstecknelke in der Glasvase. Mein großer Bruder war also in der Nacht mit den Rosenklauern unterwegs gewesen!

Verglichen mit den Geschenken zur Konfirmation, die heute üblich sind, nahmen sich meine Geschenke recht bescheiden aus. Von den Nachbarn gab es Naturalien in Form von Milch, Mehl, Eiern und Butter zum Backen von Kuchen oder für Konfirmationsspätzle mit ein paar Eiern mehr als an gewöhnlichen Tagen. Ansonsten fanden sich auf meinem Gabentisch ein viertel Dutzend Taschentücher mit Spitzen und Stickerei, zwei Gläsertücher, eine Glasperlenkette und ein Geldtäschchen. Das war übrigens mein erster eigener Geldbeutel, der eine lange Zeit gute Dienste leistete.

Dieses kleine Geldtäschchen aus Stoff, das über und über mit kleinen bunten Glasperlen bestickt und mit einem goldfarbenen Schnappverschluss versehen war, hat seine eigene Geschichte.

Regelmäßig samstags musste ich mit dem Einkaufszettel beim Metzger anstehen. So auch am Tag vor meiner Konfirmation. An große Vorratshaltung von Frischfleisch war damals nicht zu denken. Kühlschrank, Gefriertruhe oder Tiefkühlkost waren noch Fremdwörter. Die damalige Wirtin vom »Gasthaus und Metzgerei Traube« hat mir beim Einkauf am Samstagvormittag ein kleines Päckchen überreicht. So neugierig ich auch auf den Inhalt war, so sehr habe ich mich an der Verpackung noch einige Zeit erfreut. In buntes Seidenpapier eingewickelt und mit einer roten Schleife gebunden, das war mein erstes G'schenkpäckle überhaupt. Die Verpackung war mindestens ebenso wertvoll wie das Geldbeutele darin.

Geschenke einzupacken war in dieser Zeit nicht üblich. Ich kann mich wenigstens nicht daran erinnern, jemals zuvor ein verpacktes Geschenk bekommen zu haben. Die wenigen Geschenke an

Heiligabend lagen ohne Verpackung unter dem Weihnachtsbaum. An den Geburtstagen war ein Essen nach Wunsch des jeweiligen Geburtstagskindes meist das einzige Geschenk.

Nach der Währungsreform gab es dann wieder einen ordentlichen Geburtstagstisch. Eigentlich war es nur ein Tischchen, nämlich das Nähtischle. Ein Körbchen mit Orangen, eventuell eine Banane und ein kleiner Schokoladenriegel, ein Paar weiße Baumwollsöckchen und eine selbst geschneiderte Bluse vervollständigten die Herrlichkeit.

Geldgeschenke waren sowieso die Ausnahme. So waren die nicht ausgegebenen sechs DM von der guten Frau Buchbinderin Sommer ein kleines Vermögen; sie sollten der Grundstein für ein Fahrrad sein. Ein Fahrrad!? O je, ein Fahrrad schien noch ein unerfüllbarer Wunschtraum zu sein. Erst einmal waren »Schaffkleider« wichtiger.

Arbeitskleider, Werktagskleider, Sonntagskleider – sage heute niemand, dass für uns junge Mädchen der Nachkriegszeit schicke Garderobe eine Nebenrolle spielte. Mein Sonntagsstaat bestand über eine lange Zeit hinweg aus einem dunkelblauen Faltenrock und der obligatorischen weißen Bluse. Für die jungen Männer verkörperten die ersten bunt karierten Hemden das Symbol einer neuen, amerikanisch geprägten Zeit. So ersetzten farbenfrohe Herrenhemden das Braunhemd von einst. Wie es überhaupt den Anschein hatte, dass mit den

Farben, aus Amerika kommend, eine fröhlichere Stimmung zu den so schwerfälligen und geduldigen Nachkriegsdeutschen gekommen war.

Wohl denen, die einen Onkel oder eine Tante in Amerika hatten. Manchmal waren es auch weit entfernte Verwandte oder nur gute Nachbarn aus der Vorkriegszeit, die Pakete von dort schickten. Wir hatten weder Tante noch Onkel in Amerika, also hat der Postbote auch keine Ami-Pakete bei uns abgeliefert.

Diese Liebesgaben aus Verwandtschaftskreisen unterschieden sich von den Carepaketen, indem sie Kleidung und Genussmittel enthielten, zum Beispiel Schokolade und löslichen Kaffee. Das war eine umwälzende Neuheit. Kaffee, der nur mit kochendem Wasser direkt in der Tasse aufgebrüht werden musste!

Viel später, es muss so um 1953 herum gewesen sein, habe ich vom Amerikabesuch einer Nachbarin ein großes Schraubglas mit löslichem »Maxwell-Kaffee« bekommen. Wie sparsam mit diesem köstlichen Gesöff umgegangen worden ist, braucht nicht extra betont zu werden. Es gab zwar zu dieser Zeit schon löslichen Kaffee, Nescafé genannt, zu kaufen. Ein kleines 25-Gramm-Gläschen davon konnte ich mir schon einmal leisten. Und nun das riesengroße Glas mit 250 g Maxwell-Kaffee! Ich fühlte mich reich beschenkt vom Amerikabesuch der Nachbarin.

Überhaupt, wer konnte schon original amerikanischen Maxwell-Kaffee vorweisen, und dann noch ein so großes Glas! Niemals mehr erfreute mich ein Geschenk so sehr wie dieser Ami-Kaffee.

Meine Freundin hatte einmal nach einem Bettelbrief von einer entfernt verwandten Tante aus Amerika ein Kleiderpaket erhalten. Nicht ein einziger »Flander« – wie ihre Großmutter diese grellbunten Sachen nannte, die aus dem Paket zum Vorschein kamen – eignete sich für eine halbwegs »anständige« Garderobe. Wozu brauchten wir auch einen giftgrünen Morgenmantel oder eine mit großflächigen Blumenmotiven geschmückte Jacke, bunte Schals und Schultertücher mit Fransen? Oder was sollten diese Stöckelschuhe mit knallroten Riemchen und hohen Absätzen? Wir ließen uns jedoch nicht daran hindern, in der Wohnung damit herumzustolzieren und auf »Dame von Welt« zu machen. Allerdings dauerte es nun nicht mehr lange, bis auch im hintersten Winkel Deutschlands diese bunte Modewelt den Alltag für sich in Besitz nahm.

Um die ersten Blue Jeans zu erstehen, zunächst einmal nur für Kinder, musste noch nach Stuttgart gereist werden. Diese blauen Hosen hatten damals wenig oder überhaupt keine Ähnlichkeit mit den Jeans von heute. Es dauerte noch lange Zeit, bis auch ältere Herren sich an die »Blauhosen« gewöhnen konnten.

»Blauzeug« oder »Blauer Anton«, das waren bisher Arbeitsklamotten und solche hatten bei der »guten Kleidung« nichts zu suchen. So sind auch tatsächlich die Väter der heute Sechzig- oder Siebzigjährigen nie in eine solche »Bludschins« oder »Cowboy-Hose« geschlüpft. Zumal diese Urväter im Alltag ausnahmslos in ihren Schaffkleidern anzutreffen waren. Nach Feierabend in der Fabrik oder auf dem Bau war immer noch etwas im und am Haus, im Garten, oder auf dem Baumstückle zu schaffen.

Anders war es bei den Heranwachsenden, wo nun auch die Mädchen allmählich zu Hosenträgerinnen wurden. Blue Jeans waren eine teure Angelegenheit und noch lange nicht für jedermann erschwinglich. Auch löchrig und ausgewaschen, ja sogar ungewaschen, haben Jeans Geschichte geschrieben, aber das passt nicht in die Ära der Rotznasen aus einer längst vergangenen Zeit.

Im Sommer 1949 durften wir »Entlassschüler« mit dem Omnibus in die »große weite Welt« reisen. Unser Konfirmandenausflug führte zum Hohenzollern. Für die meisten von uns war dies die erste Fahrt in einem für damalige Begriffe bequemen Reisebus überhaupt. Beim Parkplatz, auf halber Höhe des Zollernberges, bot eine Studentin Eis am Stiel an. Auch wenn ich mir kein solches Eis am Stiel leisten konnte, denn mein Taschengeld reichte dazu nicht aus, so war es doch ein bleibender

Eindruck für uns alle. Flanierte da ein Mädchen in weißen Shorts mit einem Bauchladen und verkaufte Eis an die Wanderer! Überhaupt »Bauchladen« – was für ein komisches Wort und dann auch noch ein gekühlter Bauchladen. Damals waren Shorts noch »kurze Hosen« und bei einer Frau etwas recht Anstößiges. Die bösen Buben, kaum dass sie ihren eigenen kurzen Hosen entwachsen waren, hatten Spaß an den nackten Beinen der jungen Eisverkäuferin, und sie machten abfällige Scherze darüber.

Unser letzter Schultag war alles andere als feierlich. Verglichen mit der pompösen Einschulung vor acht Jahren auf dem Gartenschulhof war dies geradezu ein mickriger Abgang. Es war halt unser letzter Schultag und sonst nichts. Unser Klassenlehrer, der 1946 als junger Mann in das schwäbische Dorf kam, das ihm und seiner Familie in über fünfzig Jahren zur Heimat geworden ist, verabschiedete sich nach einer kurzen Ansprache herzlich von jedem seiner Schüler.

Nun begann ein neuer Abschnitt, und zwar der des Arbeitslebens und des Erwachsenenseins. Wenn ich bisher immer nur von Erwachsenwerden schwärmte, so ist das Erwachsensein mit den Mühen der Arbeit doch beschwerlicher gewesen als in schwärmerischen Tagträumen gedacht. Nun galt es, sich an einen körperlich anstrengenden Arbeitstag von 8½ Stunden zu gewöhnen. Es war eine völlig andere Welt als die des Kindes, die sich um Schule, Elternhaus und Freundinnen gedreht hatte. Wie ein Vögelchen, das aus dem Nest geworfen wurde, genauso fühlte ich mich.

Beim Rückblick auf ein langes, oft nicht leichtes Arbeitsleben, ist mir die Lehrzeit in schlechter Erinnerung. Lehrzeit ist hier nicht im Sinne einer Lehre gemeint, sondern als Lehre des Lebens, als das Bewältigen unerlässlicher Pflichten und das Ertragen von Verzicht. Ja, es war eine schlecht bezahlte Lehrzeit, die letztendlich nur spärliche Früchte trug.

Wir Mädchen erbrachten nach kurzer Einarbeitungszeit dieselbe Leistung wie die Altgedienten. So wie sie galt es, Maschinen zu bedienen. Der Lohn jedoch war wesentlich geringer. Das Image der Rotznasen hatte sich nicht wesentlich geändert. Die »Alten« hatten nach wie vor das Sagen, und wir blieben das junge Gemüse.

Der Stundenlohn für uns Schulabgänger betrug damals 48 Pfennige. Das änderte sich erst später, als per Gesetz Akkordarbeit ab sechzehn Jahren erlaubt worden ist. Doch auch dann hat sich die Entlohnung nach dem Alter und vor allem nach dem Gutdünken des Arbeitgebers gerichtet.

Der Übergang in das Arbeitsleben erfolgte abrupt, nur zwei Wochen Pause lagen zwischen Schulabgang und Arbeitsbeginn in der Firma Otto. Der lange Arbeitstag war recht ungewohnt und auch beschwerlich. Ein Lichtblick in dem monotonen Einerlei der Pflicht war, dass wir dienstags Schule hatten. Genauso wie die Gewerbeschule Bestandteil einer Lehre war und ist, so war für uns angehende Hausfrauen die Haushaltsschule Pflicht, wobei die Schulstunden wie Arbeitsstunden bezahlt wurden. In den Räumen der betriebseigenen Schule in der Heinrich-Otto-Straße bekamen wir unter der Fuchtel eines ältlichen sparsamen Fräuleins Kochschulunterricht.

Der Satz »Wie eine Hausfrau gut und billig kocht« zog sich wie der berühmte rote Faden durch die Kochlehre. Bisher hatten wir bei Muttern Essen gekocht, jetzt wurde Essen »zubereitet«. Begriffe wie Kohlehydrate, Fett und Vitamine, Nährwert und Aufbaustoffe waren für uns Neuland.

Zwölf Mädchen an drei Herden und drei Arbeitstischen mussten sich die zugewiesenen und abgewogenen Lebensmittel aufteilen. So weit so gut, bei Mehl oder Zucker war dies einfach. Bei 500 g Fleisch war es schon schwieriger, ebenso bei Kartoffeln; da wurde geschnippelt und abgewogen, um genau zu dosieren. Schwierig und fast nicht machbar war es auch bei zwei Eiern für drei Gruppen, doch ist es uns gelungen, mit knapp 170 g Mehl und etwas weniger als einem halben Ei vorzügliche Spätzle zu bereiten.

Nach dem Kochschuljahr durften wir noch ein Jahr freiwillig Näh- und Haushaltskurse absolvieren, ebenfalls in betriebseigenen Räumen der Firma Otto. Einmal Hausfrau und Mutter zu sein war das Ziel eines jeden jungen Mädchens. Wer konnte 1949 auch schon ahnen, wie sehr sich das Leben einer Frau in seinen Grundfesten verändern würde.

Es blieb überhaupt keine Zeit, um nachzudenken. Täglich gab es etwas Neues zu bestaunen. Die ersten Hausierer und Vertreter kreuzten auf. Doch Luxus und Komfort in den Schaufenstern schienen nicht für den Normalbürger geschaffen zu sein.

Mein erster Einkauf per DM

Täglich führte mein Weg am gerade eröffneten Elektrogeschäft Häfner (damals noch in der Brückenstraße) vorbei, und ich bestaunte die Auslagen, die hinter den großen Schaufensterscheiben aufgebaut waren. Da gab es einen automatischen Plattenwechsler mit Radio, eingebaut in ein Möbelstück, das sich Musikschrank nannte. Einige Hunderter kostete das gute Stück, und es schien Anfang der fünfziger Jahre unerreichbar für ein junges Mädchen, das sich gerade ihr erstes Geld verdiente. Realistischere Wünsche waren die tollen Haushaltsgeräte, die auch angeboten wurden: zum Beispiel ein elektrisches Waffeleisen oder das wundervolle Bügeleisen mit einem Schalter für verschiedene Wärmegrad-Einstellungen.

Die Träume der angehenden Hausfrau wurden jedoch alsbald verdrängt. Ein kleiner, brauner Kasten, der sich Lautsprecher nannte, erregte meine Aufmerksamkeit. Es müsste doch möglich sein, dachte ich, diesen Lautsprecher mit einer Leitung an unser Radio im Wohnzimmer anzuschließen. Somit hätte ich einen eigenen Radioapparat, und das direkt bei meinem Bett.

Mit klopfendem Herzen führte ich das erste Verkaufsgespräch in meinem Leben. Es war ein erhebendes Gefühl. Erstmals war mir bewusst, dass nicht mehr zugeteilt wurde. Ich durfte meine Wünsche äußern, und die konnten auch erfüllt werden, wenn nur das Geld dazu vorhanden war. Plötzlich fühlte ich mich nicht mehr als »das kleine Mädchen«, obwohl bei größeren Geldbeträgen das Einverständnis des Erziehungsberechtigten gegeben sein musste, denn Jugendliche unter einundzwanzig Jahren waren minderjährig und somit auch noch nicht geschäftsfähig.

Unendlich stolz war ich auf meine erste selbst verdiente Errungenschaft, meinen eigenen Radioapparat, wenn auch nur in Form von einem kleinen Lautsprecherkasten, dessen Anschlusskabel an der Decke entlang durch den Flur und durch die Küche verlegt werden musste. Vierzig plus sechs Deutsche Mark Arbeitslohn war der Preis für meinen Herzenswunsch. Natürlich war die Erziehungsberechtigte, nämlich meine Mutter, damit einverstanden.

Der nächste dringende Wunsch war ein Fahrrad. Die ersten neuen Räder waren auf den Straßen zu sehen, in Farbe – auch das war neu –, mit verchromten Felgen und gelben Rückstrahlern an den Pedalen. So ein Rädle musste es sein! Nach zwölf Monaten eisernen Sparens hatte ich 240 DM zusammen. Das war der Preis für mein rotes Traumfahrrad. Den Betrag von 20 DM für ein buntes Schutznetz (wegen der Röcke war es an einem Damenfahrrad unerlässlich) und ein Sicherheitsschloss hat mir der Ladenbesitzer bis zum nächsten Monat gestundet.

Eine Waschmaschine war die erste revolutionäre Umstellung im Haus. Das war nun kein Holzbottich mehr mit einem Motor darunter, der zwei Flügel in Bewegung setzte, um die Wäschestücke sanft in der Waschlauge zu bewegen. Diese Waschlauge musste allerdings schon kochend heiß in die Maschine eingefüllt werden. Solche Art von Waschmaschinen waren damals schon bei einigen wenigen Familien in der Waschküche vorhanden. Nein, unseren Hausstand zierte jetzt ein schöner weißer Emaillekasten. Die neue Waschmaschine, in der die Waschlauge erhitzt werden konnte, während eine runde Scheibe die Wäschestücke sanft hin und her bewegte, war das Schmuckstück in unserer Küche.

Auch kleinere Wäscheschleudern eroberten die Herzen der Hausfrauen im Sturm. Erste Teilzahlungskäufe wurden getätigt. Viele junge Hausfrauen gingen »ins Geschäft« oder schlugen sich mit schlecht bezahlter Heimarbeit die Nächte um die Ohren, um sich diese Erleichterungen anschaffen zu können. Doch sie nahmen die Vierfachbelastung Haushalt, Fabrik, Mutter und Ehefrau an, gab es doch nun keine anstrengenden und ewig dauernden Waschtage mehr zu bewältigen. Die neue Maschine machte die Arbeit »fast« alleine.

Bis zur vollautomatischen Küche oder zu elektrischen Werkzeugen für Handwerker, zum Auto für jedermann oder zum (Auslands)urlaub war es noch ein langer Weg.

Als Mitte der fünfziger Jahre das Fernsehen die Wohnstuben eroberte, war es mit den geruhsamen Abenden auf dem Feierabendbänkle vorbei. Abgesehen davon gab es auch bald keinen regelmäßigen Feierabend mehr. Überstunden oder die Arbeit am Häusle verhinderten dies. Auch Schichtarbeit zerriss die Regelmäßigkeit eines geordneten Lebens. Nach der Waschmaschine kam der Kühlschrank, eine ebensolche Revolution wie Staubsauger, Küchenmaschine und Leichtkrafträder. Bald rollte der tausendste VW-Käfer vom Band. »Man« war dabei dank des Fernsehens. Die Bild-Zeitung fand sich in der Vespermappe eines jeden Arbeiters. Die ersten spärlich bunt illustrierten Zeitungen kamen auf den Markt. Sie waren noch ganz auf die Männerwelt zugeschnitten, jedoch im Schlepptau erschienen erste Frauen- und Modezeitschriften. Und, und, und …

Schlußwort

Warum all dies so detailgetreu geschildert wurde? Ich kann es nicht erklären. Doch bestimmt nicht um des Wehklagens willen. Durften wir Kinder des Krieges doch einen wunderbaren aber auch sehr mühevollen Aufschwung »danach« erleben, wobei das »wunderbar« nichts mit einem Wunder gemeinsam hat. Nein, es war harte Arbeit mit sehr vielen Entbehrungen und durchweinten Nächte von jungen Frauen, die als Kriegswitwen mit ihren Kindern die wahren Verlierer des Krieges gewesen sind. Sie haben dieses so genannte deutsche »Wirtschaftswunder« erst möglich gemacht. Was dank der Wirtschaftsbosse und ihrer Manager erst viel später daraus geworden ist, war nicht allein deren Verdienst. Ohne die Muskelkraft der Trümmerfrauen und ohne den Optimismus der heranwachsenden Jugend, die für sehr geringen Lohn für den Wiederaufbau und für eine neue Zeit schuftete, hätte dieses Stück deutsche Geschichte nicht so positiv geschrieben werden können. Es darf nicht aufgehört werden, daran zu erinnern, dass »die neue Zeit« in der zweiten Hälfte unseres Jahrhunderts nicht wie Phönix aus der Asche gestiegen ist.

Dies war und ist mein persönlich erlebter Gang über die Brücke zwischen Kriegsende 1945 und späterem Wohlstand. Es war auch die Zeit zwischen harmlosen Kindertagen und der Jugendzeit, die in eine verantwortungsvolle, oft von Sorgen begleitete Erwachsenenwelt, führte.

Bücher aus dem Silberburg-Verlag zu ähnlichen Themen:

Der Zwiebelkuchen
und andere Geschichten aus Schwaben
zum Lesen und Vorlesen.
Von Louis Holm.
120 Seiten, fest gebunden. ISBN 3-87407-168-5.

Als Lausbub war ich Milliardär
Eine Kindheit nach dem Ersten Weltkrieg.
Von Hans Blau.
96 Seiten, fest gebunden. ISBN 3-87407-213-4.

Geschichtenalbum
Erzählungen württembergischer Autoren
aus alter und neuer Zeit.
Ausgewählt und zusammengestellt
von Elisabeth Heim.
140 Seiten, fest gebunden. ISBN 3-87407-193-6.

Das waren noch Zeiten !
Die Fünfzigerjahre
in einem schwäbischen Bauerndorf.
Von Rosemarie Sieß-Vogt.
96 Seiten, fest gebunden. ISBN 3-87407-343-2.